← 图1

图2 →

← 图3

图4

图5

图6

← 图7

图8 →

← 图9

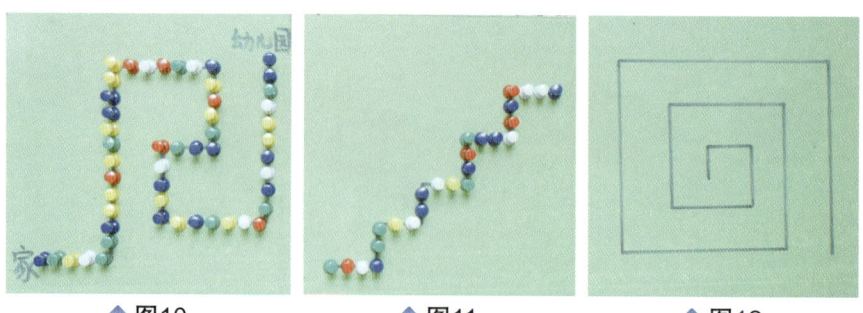

↑图10　　　　　↑图11　　　　　↑图12

↑图13

↑图14

↑图15

↑图16

↑图17

图18 →

← 图19

图20 →

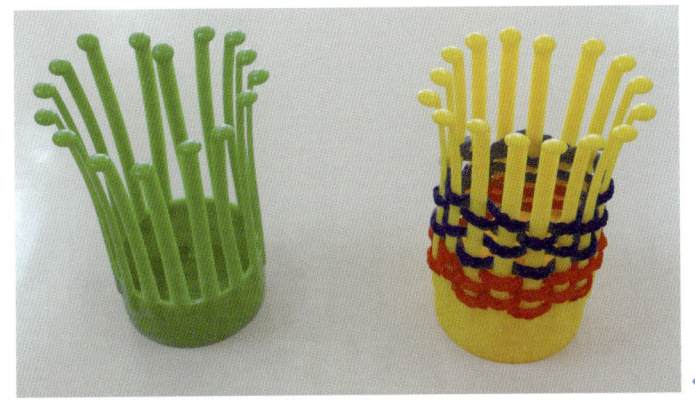

← 图21

图22 →

← 图23

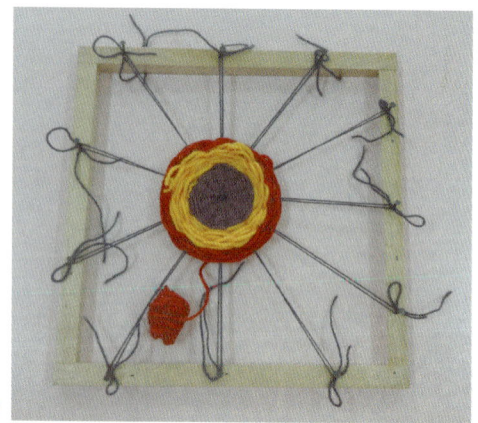
图24 →

← 图25

图26 →

← 图27

图28 →

← 图29

图30 →

← 图31

图32 →

图33

图34

图35

图36 →

← 图37

图38 →

← 图39

图40 →

← 图41

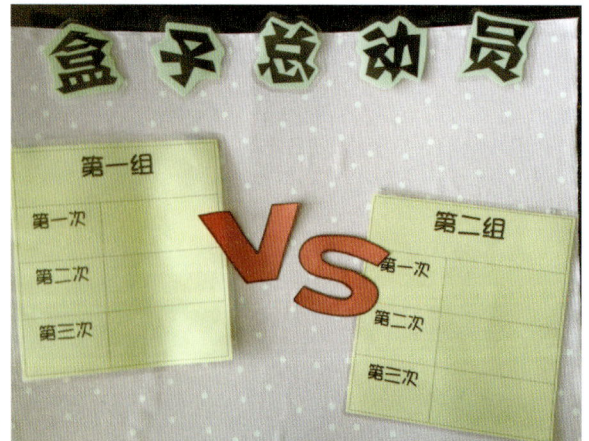

图42 →

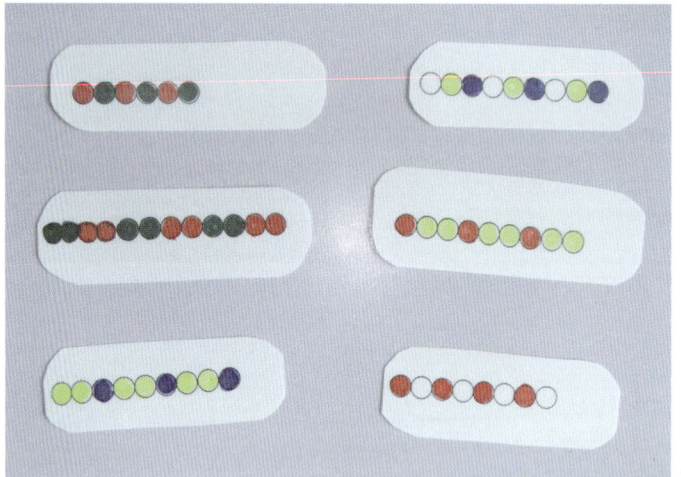

← 图45

图46 →

← 图47

图48 →

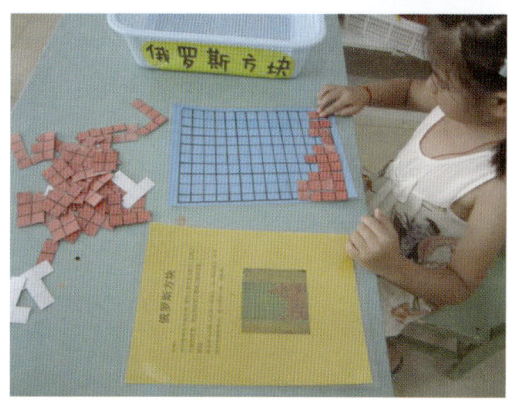

← 图49

图50 →

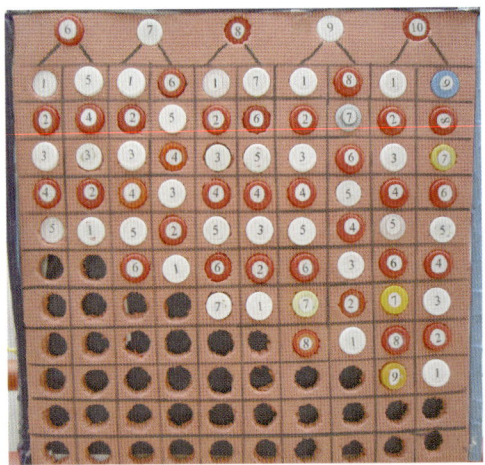

← 图51

图52 →

← 图53

图54 →

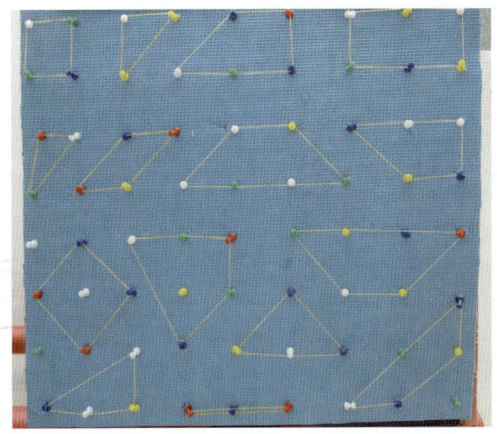

← 图55

图56 →

← 图57

图59 →

← 图60

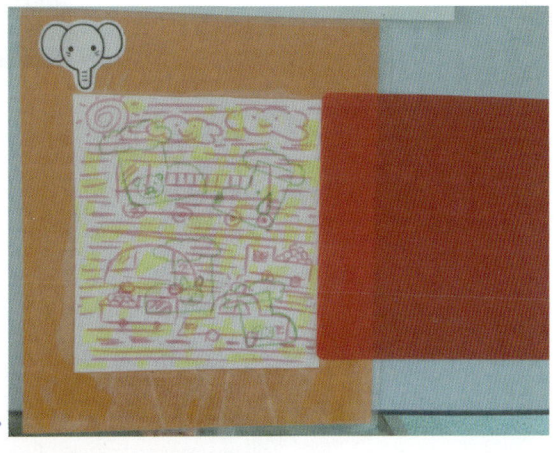

图61 →

← 图62

图63 →

← 图64

图65 →

← 图66

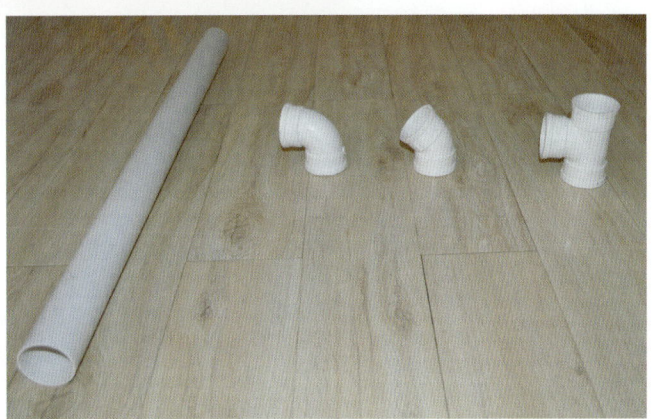

图67 →

← 图68

图69 →

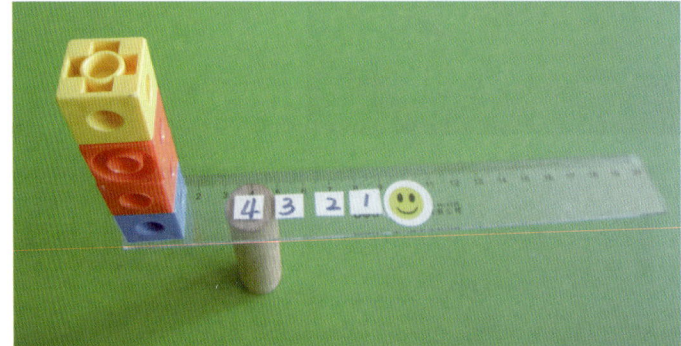

← 图70

图71 →

← 图72

图73 →

23

荣获2014年基础教育国家级教学成果二等奖

幼儿园自主性学习区域活动指导

生活操作区·美工区·益智区·科学区

董旭花 刘霞 赵福云 韩冰川 ◎编著

中国轻工业出版社

图书在版编目（CIP）数据

幼儿园自主性学习区域活动指导：生活操作区·美工区·益智区·科学区／董旭花等编著．—北京：中国轻工业出版社，2014.2（2024.5重印）

ISBN 978-7-5019-9549-3

Ⅰ.①幼… Ⅱ.①董… Ⅲ.①幼儿园－教学活动－教学参考资料 Ⅳ.①G613

中国版本图书馆CIP数据核字（2013）第274421号

保留所有权利。非经中国轻工业出版社"万千教育"书面授权，任何人不得以任何方式（包括但不限于电子、机械、手工或其他尚未被发明或应用的技术手段）复印、拍照、扫描、录音、朗读、存储、发表本书中任何部分或本书全部内容（包括但不限于光盘、音频、视频等）。中国轻工业出版社"万千教育"未授权任何机构提供源自本书内容的电子文件阅览、收听或下载服务。如有此类非法行为，查实必究。

责任编辑：吴　红　　　责任终审：杜文勇
策划编辑：高　君　　　责任校对：刘志颖　　　责任监印：吴维斌

出版发行：中国轻工业出版社（北京鲁谷东街5号，邮编：100040）
印　　刷：三河市鑫金马印装有限公司
经　　销：各地新华书店
版　　次：2024年5月第1版第16次印刷
开　　本：710×1000　1/16　印张：14　插页：12
字　　数：96千字
印　　数：69001—72000
书　　号：ISBN 978-7-5019-9549-3　　定价：35.00元

读者热线：010-65181109
发行电话：010-85119832　　010-85119912
网　　址：http://www.chlip.com.cn　　http://www.wqedu.com
电子信箱：1012305542@qq.com

版权所有　侵权必究
如发现图书残缺请拨打读者热线联系调换
240535Y1C116ZBW

让幼儿在区域活动中自主发展
（代序）

区域活动被广大幼儿教育工作者认可、接纳是一件极好的事。这至少从一个角度说明大家对于幼儿自主性学习和自主性发展的认同，说明幼儿将有更多的机会进行自主选择、自主操作和自主游戏活动，将获得更多的按照自己的节律和兴趣爱好发展的机会。《3—6岁儿童学习与发展指南》强调："幼儿的学习是以直接经验为基础，在游戏和日常生活中进行的。要珍视游戏和生活的独特价值，创设丰富的教育环境，合理安排一日生活，最大限度地支持和满足幼儿通过直接感知、实际操作和亲身体验获取经验的需要，严禁'拔苗助长'式的超前教育和强化训练。"对于我国现阶段大多数幼儿园来讲，教育目标的实现完全依赖生活和游戏几乎是不可能的，一是因为幼儿人数多、班额大，二是因为教师已有的专业素养和技能不足。但是通过创设丰富的教育环境，提供有支持价值的玩具和材料，可以满足幼儿通过直接感知、实际操作和亲身体验获取经验的需要。如此说来，区域活动或许是我们改变目前幼儿园集体教育活动过多、压抑幼儿自主性发展的良好途径之一。

现阶段幼儿园区域活动的开展状况也不尽相同，有的幼儿园

每天都有一次不少于40分钟的区域活动时间，幼儿完全自主、自选、自由活动；有的幼儿园每天有两次固定的区域活动时间，一次为创造性游戏区域活动，一次为自主性学习区域活动；当然也有一些幼儿园的区域纯粹是摆设，只有在评估时、有人参观或领导来检查时才会开放……区域活动的开展状态不仅仅与教师的素养有关，更与管理者的教育理念、课程观有着极大的关系。

因为分类的角度不同，幼儿园区域的类型也不同。通常大家是按活动内容进行分类，如建构区、表演区、阅读区、美工区、益智区等。在笔者2009年主编的《幼儿园游戏》一书中，根据区域活动的性质，把区域分为三种，即常规区域、主题区域和特色区域。近几年，笔者在幼儿园反反复复与老师们研究探讨，对幼儿园所有的区域活动进行分析后发现，无论在哪个区域，幼儿从事什么样的活动，不外就是两种：一种是游戏倾向的活动，一种是学习倾向的活动。通常游戏倾向的活动是幼儿喜欢选择的，比较热闹，更富有创造性和变化性；而学习倾向的区域一般是教师根据教育目标投放材料，因而目标性更强，更具有学习和技能练习的成分，教师通过控制材料支持或引导幼儿的活动。学习性的区域相对来讲比较安静，有一定的规则，讲究秩序，对于幼儿的智能和动作发展有益，也有助于幼儿良好学习品质的形成。

在幼儿园，经常有老师问笔者这样的问题：我们班该设置什么区？创造性游戏区域和自主性学习区域哪种类型应该更多一些？如何让区域材料持久地吸引幼儿参与活动并有效地支持幼儿的发展？如果幼儿都跑去游戏性区域而不选学习性区域，怎么办？如何为各个区域设计丰富多彩的活动……有些问题我们在《小区域，大学问：幼儿园区域环境创设与活动指导》一书中已有阐述，但针对每种类型的区域活动的设计与指导无法在这本书中一一罗列，所以，我们接受中国轻工业出版社万千教育编辑部高君女士的建议，继续对各个区域的活动与指导进行研究。在与幼儿园教师和园长进行充分教研和实践的基础上，我们完成了《幼儿园自主性学习区域活动指导》和《幼儿园创造性游戏区域活动指导》这两本书，它们既是《小区域，大学问：幼儿园区域环境创设与活动指导》的延续，也是对其的丰富和细化，对于幼儿园教师来讲更具有实践指导意义和操作价值。

《幼儿园自主性学习区域活动指导》主要涉及的是生活操作区、美工区、益智区和科学区；《幼儿园创造性游戏区域活动指导》主要涉及的是角色区、建构区和表演区。每个区域均包含五个方面的内容：

（1）区域活动内容与关键经验。这部分内容阐述了每个区域活动内容的主要类型，以及各个年龄段发展的关键经验。对于区域活动，老师们不需要写具体的活动方案，但需要有计划地开展，各个年龄段关键经验的明确有助于老师们更好地提供材料，支持幼儿更有效地开展活动。

（2）区域活动的一般流程。这部分内容阐述了各个区域活动从开始准备到活动结束的一般程序。因为区域活动相对自由、自主些，所以，我们并不主张为区域活动设置固定的程序，以避免活动走向僵化，缺乏生机。但是，由于区域活动也是幼儿园有目的的教育活动的组成部分，所以，幼儿园每次区域活动的开展都会有一个相对稳定的一般流程。了解这个一般流程，有助于教师更好地组织和指导幼儿的活动，也有助于教师创造性地开展工作。

（3）区域评价的一般要点。这部分内容从区域环境的创造、区域中的幼儿和区域中的教师三个方面分别阐述了每个区域评价的关键要点。评价一直是幼儿园教育工作的难点，也是很多幼园工作经常缺失的一个环节。无论是从工作的完整系统性，还是从工作的实际有效性来讲，评价都是必不可少的环节。对于幼儿园区域活动的评价，笔者在《小区域，大学问：幼儿园区域环境创设与活动指导》一书中已有阐述，但没有针对每个区域的特点和具体功能进行评价。了解每个区域的评价要点，有助于教师更好地了解每个区域环境创设和活动组织指导的要求，更好地检视自己的工作，更有效地反思和调整自己的行为。

（4）问题与对策。这部分内容针对教师在各个区域的环境创设与活动组织指导方面遇到的问题和困惑，分别阐述了应对的具体策略。为了让本书具有更强的针对性，笔者在多所幼儿园与老师们座谈，发放调查问卷，了解老师们的具体问题和困惑，因为篇幅有限，不可能对所有老师的所有问题——阐释，但尽可能保证每个区域的问题具有典型性和代表性，应对策略尽可能具体明确，具有一定的实践指导性。

（5）区域活动举例。这部分内容列举了每个区域典型的、有创意的活动设计和活动案例，案例数量尽管有限，但各个区域尽可能涉及各种类型的活动内容，以给老师们一点启示。创造性游戏区域的活动基本上都是由孩子们发起的自主活动，活动的背景在每个案例的"主题由来"中有所介绍，"游戏玩法"也不是由老师确定的，而是由老师追随孩子们的活动轨迹归纳整理而来的。自主性学习区域的活动需要吻合每个年龄段幼儿各方面发展的目标，通过材料的预设和引领完成。每个区域的活动案例均来自幼儿园区域活动实践，是老师们智慧的结晶，充满趣味性、操作性、变化性、游戏性和创意，具有发展和引领的价值。

这两本书是集体智慧的结晶，是对幼儿教育实践深入进行行动研究的结果，也是理论工作者与实践工作者密切合作、教研的成果。《幼儿园自主性学习区域活动指导》由董旭花教授统稿，其中第一部分生活操作区由刘霞执笔，第二部分美工区由赵福云执笔，第三部分益智区由韩冰川执笔，第四部分科学区由董旭花执笔。《幼儿园创造性游戏区域活动指导》由董旭花教授统稿，其中第一部分角色区由刘霞、董旭花执笔，第二部分建构区由阎莉执笔，第三部分表演区由王翠霞执笔。

感谢以下五位合作者：山东省商务厅幼儿园阎莉园长、山东省淄博市实验幼儿园王翠霞副园长、淄博市市直机关第一幼儿园赵福云副园长、淄博市市直机关第二幼儿园刘霞副园长、淄博市市直机关第三幼儿园韩冰川副园长。她们都是专家型园长，她们的专业、敬业精神都是我们学习的榜样，正因为她们的参与，这两本书才会在理论和实践两个层面上恰当融合。同时，还要感谢这五所幼儿园的园长和所有的老师们，她们的努力和实践智慧我们一直都铭记在心。

感谢中国轻工业出版社万千教育编辑部高君女士的热情和付出，她对于幼儿教育事业和出版业的热忱投入及兢兢业业让我们很受感动。她曾经先后两次来山东和我们研讨这两本书的整体思路、框架和内容，并对所有内容细致审查，给出了很多好的建议。

感谢各地市幼儿园园长和老师们，他们为我们提供了大量的活动案例，有些案例因篇幅限制我们没有采用，但我们对他们充满敬意。

感谢这些年一直参与区域教研活动的老师们。参与全国各地幼儿园的区域观摩和研讨活动，使我们对于区域活动有了越来越清晰的认识和了解，积累了越来越多的优秀实践经验，得以与幼儿园老师们不断地分享。

感谢我们的家人对我们工作的持续关注和支持。正是因为他们的理解、包容，才会有我们今天的研究成果。

感谢打开这本书的所有朋友们，不论您对于区域活动有什么样的认识，您的关注就是对我们工作的极大支持。关注区域活动，就是关注幼儿教育的基本问题，就是关注幼儿的自主发展，让我们共同努力，实现《3—6岁儿童学习与发展指南》所倡导的"实施科学的保育和教育，让幼儿度过快乐而有意义的童年"的目标。

董旭花

2013年8月于泉城

目　　录

让幼儿在区域活动中自主发展（代序）……………………………Ⅰ

生活操作区……………………………………………………………1

　　一、活动内容与关键经验……………………………………2

　　二、活动的一般流程…………………………………………5

　　三、评价的一般要点…………………………………………7

　　四、问题与对策………………………………………………11

　　五、活动案例…………………………………………………20

　　　　1. 抓豆子，分豆子………………………………………20

　　　　2. 插插乐…………………………………………………22

　　　　3. 色水变变变……………………………………………23

　　　　4. 小勺舀食物……………………………………………24

　　　　5. 夹子小人………………………………………………25

　　　　6. 夹蛋……………………………………………………26

　　　　7. 小吃串串烧……………………………………………28

　　　　8. 彩色毛毛虫……………………………………………29

　　　　9. 能干的"小兵"…………………………………………30

　　　　10. 叠手绢………………………………………………32

　　　　11. 剪面条………………………………………………34

　　　　12. 夹点心………………………………………………35

　　　　13. 彩色通道……………………………………………36

　　　　14. 注水入瓶……………………………………………37

　　　　15. 剪鬃毛………………………………………………39

16. 剥种子	40
17. 编花篮	41
18. 开锁	43
19. 编织相框	44
20. 编辫子	45
21. 蜘蛛结网	47
22. 能干的修理师	48
23. 植物美容院	49
24. 整理文具盒	50
25. 整理小书包	51

美工区 ································ 53

一、活动内容与关键经验 ················ 54
二、活动的一般流程 ···················· 57
三、评价的一般要点 ···················· 59
四、问题与对策 ························ 64
五、活动案例 ·························· 73
   1. 有趣的浆糊画 ···················· 73
   2. 颜色宝宝变魔术 ·················· 75
   3. 玩捉迷藏的变色龙 ················ 77
   4. 这是谁的影子 ···················· 78
   5. 跟波洛克爷爷玩抽象 ·············· 80
   6. 了不起的蛋糕师 ·················· 81
   7. 小 P 的魔术 ···················· 83
   8. 艾玛捉迷藏 ······················ 84
   9. 跟马蒂斯爷爷学剪纸 ·············· 86
  10. 彩瓶造型 ························ 87
  11. 挖山洞 ·························· 89
  12. 了不起的内画 ···················· 90
  13. 酸甜苦辣咸的样子 ················ 92

14. 画音乐小树和小精灵 ……………………………… 93

15. 夸张的我 ……………………………………………… 94

16. 泡沫机器人 …………………………………………… 96

17. 二方连续（剪纸） …………………………………… 98

益智区 …………………………………………………………… 101

一、活动内容与关键经验 ………………………………………… 102

二、活动的一般流程 ……………………………………………… 105

三、评价的一般要点 ……………………………………………… 107

四、问题与对策 …………………………………………………… 111

五、活动案例 ……………………………………………………… 122

1. 触摸游戏 ……………………………………………… 122

2. 图片接龙游戏 ………………………………………… 123

3. 找不同 ………………………………………………… 124

4. 雪糕棒拼拼乐 ………………………………………… 125

5. 钓小鱼 ………………………………………………… 126

6. 好玩的听音筒 ………………………………………… 127

7. 盒子总动员 …………………………………………… 128

8. 扑克牌游戏（一）：碰炸弹 ………………………… 130

9. 扑克牌游戏（二）：开火车 ………………………… 131

10. 健康饮食棋 …………………………………………… 132

11. 好玩的夹子 …………………………………………… 133

12. 不一样的小蛇 ………………………………………… 134

13. 小兔拔萝卜 …………………………………………… 136

14. 五子棋 ………………………………………………… 137

15. 分类游戏 ……………………………………………… 138

16. 看谁记得准 …………………………………………… 139

17. 自制迷宫 ……………………………………………… 140

18. 拼图游戏：全方块 …………………………………… 142

19. 扑克牌游戏：凑数 …………………………………… 143

  20. 抢占棋盘 …………………………………… 144
  21. 打开密码箱 ………………………………… 145
  22. 玩转多功能数学箱 ………………………… 146
  23. 我给新车上牌照 …………………………… 149
  24. 好玩的磁力棒 ……………………………… 150
  25. 挑棍儿 ……………………………………… 151
  26. 小猫钓大鱼 ………………………………… 153

科学区 ………………………………………………… 155
 一、活动内容与关键经验 …………………………… 156
 二、活动的一般流程 ………………………………… 159
 三、评价的一般要点 ………………………………… 161
 四、问题与对策 ……………………………………… 164
 五、活动案例 ………………………………………… 172
  1. 滑动与滚动 …………………………………… 172
  2. 看一看，真奇妙 ……………………………… 174
  3. 听一听，连一连 ……………………………… 175
  4. 照照我自己 …………………………………… 176
  5. 弹珠宝宝找家 ………………………………… 178
  6. 敲敲打打好声音 ……………………………… 179
  7. 小水滴在干啥 ………………………………… 181
  8. 瓶中取物 ……………………………………… 182
  9. 吸起来 ………………………………………… 183
  10. 粘在墙上的塑料膜（气球）………………… 184
  11. 有趣的射水瓶 ……………………………… 185
  12. 橡皮泥小船 ………………………………… 186
  13. 不湿的纸船 ………………………………… 187
  14. 好玩的管子 ………………………………… 188
  15. 找平衡 ……………………………………… 190
  16. 陀螺转转转 ………………………………… 192

17. 好玩的镜子 ·················· 193
18. 顶顶乐 ·················· 194
19. 顶纸板 ·················· 195
20. 气球飞出来 ·················· 196
21. 看谁滚得远 ·················· 197
22. 花开了 ·················· 198
23. 神奇的拱形桥 ·················· 199
24. 会变化的影子 ·················· 200
25. 倒立不倒的小丑 ·················· 201
26. 不落的小球 ·················· 203
27. 弹性的秘密 ·················· 205

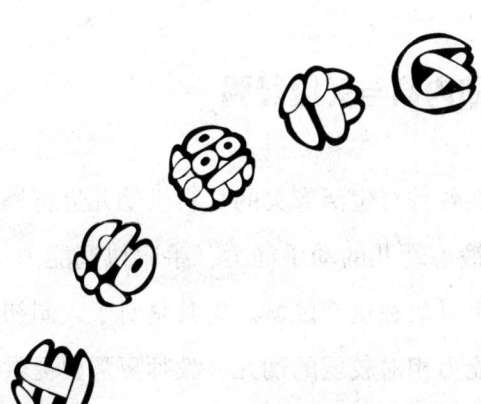

一、活动内容与关键经验

生活操作区，就是提供各种与生活有关的材料供幼儿进行操作练习的区域。凡是能够锻炼幼儿的动手能力、手眼协调能力、生活自理能力的活动，都可以放在这个区域。尤其是对于入园初期，动手能力、自我服务能力相对较弱的幼儿，教师更需要提供一些适宜的材料和锻炼的机会，让他们进行充分的锻炼和学习。它对幼儿的手眼协调能力、手部小肌肉的发展以及秩序感和专注力的培养等都有很高的价值。

（一）活动内容

生活操作区的活动内容主要包括生活技能练习和精细动作发展两大类。生活技能练习主要包括扣扣子、叠手绢、穿衣服、择菜、剥种子、使用工具、整理学习用品等与自己生存、生活相关的练习活动；精细动作发展主要包括抓、倒、夹、拧、编织等与手部精细动作发展密切相关的活动。具体内容如下：

1. 生活技能练习的活动

（1）舀的练习：对于刚入园的幼儿来说，使用勺子是必备的生活技能练习。有些幼儿由于在家不会独立吃饭，所以在入园初期熟练地使用勺子会有困难。教师可以提供勺子和花生米、豆子等材料，让幼儿进行舀东西的专门练习，锻炼动手能力。

（2）扣扣子的练习：主要是为幼儿自己穿衣服打基础。一般常见的扣子包括粘扣、按扣、带扣眼的扣子、盘扣等，教师可以设计一些有趣的材料让幼儿单独练习，熟练以后再过渡到穿衣服并扣好自己衣服上的扣子。

(3) 叠衣服的练习：最初可以用长方形或正方形手绢让幼儿练习简单的折叠的技能，熟练后可以让幼儿自己叠衣服、叠裤子等，锻炼幼儿的生活自理能力。

(4) 系的练习：最初可以提供彩色丝带，让幼儿用打结的方式练习系蝴蝶结，逐步换成用纸板等材料做的鞋面，让幼儿在上面练习穿鞋带、系鞋带，这样当幼儿需要系鞋带时，就可以比较轻松地自己解决了。

(5) 剥种子的练习：对于中班的幼儿来说，剥葵花子、花生等练习是他们能够做到又很乐意去做的事情。教师可以提供葵花子、花生、开心果、松子等平时常见的干果，让幼儿去壳后分享，这种练习既可以锻炼幼儿手部的精细动作，又可以锻炼他们做事的专注性和坚持性。

(6) 使用工具的练习：生活中人们会用到很多小工具来帮助自己做事情，如剪刀、刀子、螺丝刀、锤子、镊子等。在小班，教师可以提供大小不一的螺丝和螺丝帽，让幼儿练习拧螺丝帽，同时做配对练习；然后，逐渐增加用安全的刀子切水果的练习、榨汁的练习，用锤子钉钉子的练习，用螺丝刀紧螺丝的练习等；还可以将使用工具的练习与科学区的拆装活动相联系，增加活动的挑战性。

(7) 整理学习用品的练习：大班末期，幼儿学前准备中很重要的一项就是学习整理自己的学习用品。教师可以让幼儿带来书包、文具盒、文具、书、本子等，从学习整理文具盒开始，逐步让幼儿学会整理书包内的物品，养成有序收拾学习用品的习惯，为入学打下良好的基础。

2. 精细动作发展的活动

(1) 抓的练习：由易到难又可以分为五指抓、三指抓、二指

抓等。幼儿最初抓握东西是五指张开去抓,这时教师可以提供大一些的物品,如乒乓球、核桃等,让幼儿练习五指抓。随着幼儿手部精细动作的发展,可以逐渐让幼儿用小一些的物品练习三指抓、二指抓等。这些练习可以放在小班初期进行。

(2) 倒的练习:幼儿用杯子练习倒物品是一种很好的手眼协调能力的练习。小班初期,可以让幼儿练习倒颗粒状的大米、小米等固体,随着能力的提高可以改为用杯子倒水、用茶壶往茶杯里倒水等,逐渐增加练习的难度。

(3) 串的练习:串珠子是小班幼儿非常喜欢的活动,除了购买的现成材料以外,生活中和区域中有很多材料可以用来让孩子进行串的技能练习。

(4) 夹的练习:夹东西也是非常好的锻炼手眼协调能力、增强自我服务能力的活动。使用的夹子可以是大一些的夹馒头的不锈钢夹,也可以是大小不一的各种塑料夹子,甚至是小一些的镊子等。随着幼儿精细动作的发展,还可以让幼儿练习使用筷子夹物品。

(5) 拧的练习:最简单易行的办法是请家长帮助搜集各种化妆品的瓶子,让幼儿练习拧瓶盖。还可以将此练习与益智区的配对、一一对应等练习相结合,提高练习的趣味性和持续性。

(6) 编织的练习:编织活动又可以分为很多种,包括简单的上下交替穿梭的练习、编辫子、用织布机织布等。练习之初,教师可以提供衣服、小鱼等模型,然后在衣服上或者小鱼身上留出可以编织的空隙,让幼儿给小鱼"穿衣服",给小朋友设计漂亮的衣服等;也可以提供毛线让幼儿练习编辫子;或者提供织布机,让幼儿在织布机上用编织的技能练习穿线;还可以提供农村的竹筐、篮子之类的材料让幼儿练习。

（二）各年龄段关键经验

关键经验	小班	中班	大班
手眼协调和精细动作的发展	能尝试手眼协调完成抓、倒、舀、串、扣等较粗放的动作	能手眼协调完成较复杂的剪、折、夹等精细操作	能完成穿衣、收拾文具等较复杂的任务，手部精细动作发展良好
秩序感与专注力	能在较短时间内集中精力完成一项任务，有外界干扰时能在老师的引导下坚持完成工作	能集中精力20分钟左右，较专注地完成较复杂的任务，不轻易被无关因素干扰	有较强的秩序感，能集中精力完成复杂的动作和任务
生活认知与自我服务	初步学习扣扣子等基本生活技能，树立初步的自我服务意识	学习自己穿脱衣服等生活技能，主动进行自我服务	学习自己整理衣物、文具等日常用品，会自己照顾自己
遵守规则与习惯养成	能遵守简单的游戏规则，不乱丢玩具材料	能爱惜和合理使用材料，并有序地整理物品，能做到物归原位	能主动整理操作材料和场地，保持活动场所的整洁有序

二、活动的一般流程

教师组织幼儿在生活操作区进行活动一般可以遵循以下流程：

1. 了解新材料

生活操作区的材料一次不宜投放过多，一般投放2～3种新材料即可，一次投放太多新材料容易让幼儿眼花缭乱，无所适从。教师可以在投放材料后及时向幼儿推介新材料，帮助幼儿认识、了解新材料，明确材料的性质、特点及玩法。比如，在编织的练习中，教师投放了织布机以后，要带领幼儿观察织布机的构造，一起研究怎样在机器上织出好看的布来，或者适当采用简单示范的方法帮助幼儿掌握基本的操作方法。在舀的练习中，可以出示张着大嘴巴的小动物和豆子、小勺等材料，让幼儿猜猜看可以怎么玩，然后创设"我们要喂动物朋友吃饭"这样的游戏情境，调动幼儿练习的兴趣，激发幼儿参与活动的积极性。

2. 选择材料

一般情况下，在教师推介完新材料之后，幼儿就可以进区开始活动了，教师可以请幼儿从众多的生活操作区材料中自主选择材料进行操作练习。当小班幼儿出现游移不定的情况时，教师可以为幼儿选择材料适当提供建设性意见，帮助幼儿确定操作材料。

3. 自主操作

幼儿自主操作时，教师首要的任务是做一名默默的观察者，耐心观察幼儿对材料的使用情况，观察幼儿的专注程度和秩序感，以确定是否需要介入指导幼儿的操作活动。当幼儿非常专注地投入并熟练地操作时，教师可以不进行任何干预；当幼儿出现以下情况时，教师则应判断时机，及时做出回应或指导：

（1）当幼儿拿到材料后不知所措、迟迟不肯动手时，教师应思考是否因为幼儿对材料的玩法还不熟悉，可以考虑以同伴的身份介入活动，巧妙地通过再次示范帮助幼儿了解材料的玩法，树立自信。

（2）当幼儿频繁更换材料，始终不能专心投入地操作时，教师要分析原因，判断是因为幼儿不熟悉材料还是因为对材料太熟悉而失去了兴趣，由此采取不同的干预策略。如果是因为孩子还不会玩而导致频繁更换材料，教师可以陪伴幼儿玩一种材料，将游戏引向深入；如果是因为材料对幼儿缺乏挑战性造成的，那么就要考虑对材料进行调整或更新，或者变换玩法提高使用材料的难度。

（3）当幼儿之间因为选择材料发生争执时，教师可以观察幼儿是否能够自主通过协商、轮换等方式解决，如果幼儿不能自己解决，那么教师应该介入，并通过现实情境帮助幼儿获得解决矛盾的经验。

4. 整理材料

生活操作区材料的特点是数量较多且种类较杂，一不小心容易弄混或者丢失，因此教师尤其应该注意帮助幼儿养成良好的收拾整理物品的习惯，要求幼儿每次操作完毕后将材料恢复原状并物归原位，以便于其他幼儿下一次操作。比如夹夹子的练习结束后，可以要求幼儿取下夹子，并将夹子整齐地夹在托盘周围；串珠子的练习结束后，让幼儿将珠子拆下来放回篮子里，并将串珠子的线小心缠起来，避免线绳打结而无法继续使用。小班幼儿的自我服务能力较弱，教师可以拿出一段时间集中训练孩子的常规，在幼儿整理物品的能力欠缺时提供适时的帮助；对中、大班幼儿可以提高要求，尽量让他们自己检查材料有无丢失或者混乱，自主整理材料，收拾场地，保持整洁。

5. 分享与交流

生活操作区的操作结束后，教师可以组织幼儿间的分享、交流，重点分享材料的新玩法、幼儿的新经验。教师应表扬孩子对材料的创新使用，从而开发出材料更多的玩法，延长材料的使用寿命，发挥材料的最大价值。

三、评价的一般要点

对于生活操作区活动的评价，一般可以从环境、幼儿、教师三方面入手。当然，针对不同的区域这三个方面评价的要点又略有不同。对于生活操作区，教师具体可以参考以下维度进行考量：

1. **区域环境的创设**

（1）区域的空间是否适度封闭，有利于幼儿专心操作。

（2）材料是否有明确的目的性和层次性，适合不同发展水平的幼儿操作。

（3）材料是否适合幼儿的年龄特点，并根据幼儿的发展水平经常变换玩法或提高难度。

（4）材料是否分类明确、摆放整齐，有利于幼儿养成良好的取放常规。

2. **区域中的幼儿**

（1）幼儿是否对活动充满兴趣。

（2）幼儿是否能够专注、投入地进行操作练习。

（3）幼儿是否有良好的秩序感，能够有条理地操作。

（4）幼儿的手眼协调能力和手部精细动作是否得到不断的提高。

3. **区域中的教师**

（1）教师能否耐心细致地观察幼儿的操作，并根据需要及时介入幼儿的活动。

（2）教师能否根据幼儿出现的问题给予适时、适宜的指导。

（3）教师能否根据幼儿的操作情况反思自身工作，及时调整区域环境和材料。

附：评价表

生活操作区评价表

幼儿园：_____ 班级：_____ 时间：_____

一级评价指标	二级评价指标		标准分	得分
区域环境的创设 30分	区域的空间设置 10分	区域的面积是否能够满足幼儿开展活动的需要	3	
		区域空间是否适度封闭，有利于幼儿专心操作	4	
		区域内是否根据活动需要有桌椅等设施	3	
	区域的材料投放 20分	材料是否有明确的目的性和层次性，适合不同发展水平的幼儿操作	8	
		材料是否适合幼儿的年龄特点，并根据幼儿的发展水平经常变换玩法或提高难度	8	
		材料是否分类明确、摆放整齐，有利于幼儿养成良好的取放常规	4	
区域中的幼儿 40分	幼儿的兴趣和参与度 10分	幼儿是否对操作活动充满兴趣，积极参与活动	5	
		幼儿是否能持续一段时间进行操作	5	
	幼儿活动的专注程度 10分	幼儿是否能够专注地投入活动	6	
		幼儿是否能够不受外界干扰专心活动	4	
	秩序感发展 10分	幼儿是否能够按照一定的顺序有条理地操作材料	5	
		幼儿使用完材料后是否能够将其收拾整齐并物归原位	5	

续表

一级评价指标	二级评价指标		标准分	得分
区域中的幼儿 40分	手眼协调能力和动作发展 10分	幼儿是否能够手眼协调一致地做动作	4	
		幼儿是否能够使用较细小的物品活动	4	
		在材料数量较多时是否能够正确操作而不经常撒掉	2	
区域中的教师 30分	对幼儿的观察 6分	能否在幼儿活动时进行耐心细致的观察	2	
		能否通过观察敏锐地发现幼儿活动中的问题	4	
	对幼儿的指导 10分	能否适时地对幼儿活动中的困难提供帮助	6	
		能否对幼儿活动进行适宜、适时的指导	4	
	对活动的评价 6分	评价是否具有针对性，对幼儿的活动是否有指导作用	6	
	对区域环境的反思和调整 8分	能否根据幼儿活动情况对区域的空间和环境进行及时的调整	4	
		能否根据幼儿活动情况对材料进行更新或者调整	4	
总分				

评价者：_____

四、问题与对策

1. 生活操作区主要在小班进行，中、大班还有必要专设生活操作区吗？

生活操作区以手眼协调能力及生活自理能力的训练为主，因此，确实有很多活动适合在小班阶段开展。在小班，幼儿的手部小肌肉发展不够完善，手眼协调能力还不强，教师可以投放大量的像舀、倒、抓、夹、串等活动的练习材料，帮助幼儿锻炼手部精细动作，不断提高动手能力，可以说生活操作区是小班非常重要的一个区域。而到了中、大班，益智区、美工区、角色区等各种区域的活动日益丰富，生活操作区的材料和活动都应适当减少，难度可以有所提升，但这并不意味着中、大班就不需要生活操作活动了。像剪、夹、倒的活动，到了中班可以提高难度，让幼儿从小班的用夹子夹变为中班的练习用筷子夹，从小班的倒固体材料到中班的倒液体等。到了大班，可以让幼儿使用各种常见的工具，或者收拾整理书包、文具等，也是非常有必要和有价值的。中、大班既可以专设生活操作区，也可以把生活操作活动分散到角色区、美工区、益智区中，甚至可以在大班专设拆装区，满足某些幼儿对于使用螺丝刀之类的工具进行拆拆装装活动的喜爱，凸显大班生活操作区活动的特色。

2. 怎样提高生活操作区材料的趣味性，吸引幼儿参与活动？

生活操作区最初的练习活动大多集中在小班进行，而小班幼儿注意力容易分散、做事持续性不强的特点也决定了教师在投放生活操作区的材料时，一定要注意材料提供的趣味性，以吸引幼儿参与活动。那么，怎样提高生活操作区材料的趣味性呢？

(1) 要从颜色和外型上吸引幼儿。小班幼儿喜欢色彩鲜艳、形象生动的材料，教师在投放材料时应该予以注意。比如，针对串的练习，教师可以选择漂亮的彩色吸管，把它们剪成一段一段的，让幼儿练习串的技能；在夹的练习中，可以制作形象可爱的小猫、螃蟹、刺猬等动物卡片，让幼儿给小猫夹胡子，给螃蟹夹上八只脚等。

(2) 要从材料的投放方式上吸引幼儿。生活操作区的材料比较多，教师可以在班级显眼的位置专设生活操作区，在玩具橱上依次摆放好材料。盛放材料的托盘也应该色彩鲜艳、摆放整齐，给人以视觉上的美感。

3. 怎样不断提高材料的挑战性，激发幼儿持续活动的热情？

生活操作区的操作材料以精细动作的训练为主，这样的练习在持续一段时间以后就会变得平淡和没意思，幼儿活动的兴趣会随着对物品操作的熟练程度而降低。那么，怎样才能激发幼儿持续活动的热情呢？这就需要教师注意观察幼儿的操作情况，通过增加、删减、组合等手段不断提升材料的挑战性，满足幼儿持续操作的需要。

(1) 增加，即在原有材料的基础上增加某些提示，不断提高活动的难度。比如，小班"给小手戴戒指"的活动，最初是让幼儿练习套指环，待幼儿熟练后，可以在手指头上标上颜色，增加按颜色分类的要求；也可以在手指上标上数字，将套的练习与数数相联系；还可以在手指上贴上不同颜色的圆点，在套指环的同时进行排序练习。

(2) 删减，即通过减少材料或材料中的某些物品，来改变材料的玩法。比如，在串的练习中，教师最初可以提供完整的操作提示卡，让幼儿按照提示卡上的顺序来串珠子，待幼儿操作熟练后，教师可以将提示卡中某组颜色的顺序空出来，让幼儿自己猜想排列顺序并操作。

（3）组合，即通过改变材料之间的组合方式改变游戏玩法，提高游戏的难度和挑战性。比如，在夹的练习中，用筷子夹软的物品是比较容易的，当改为夹硬一些或者光滑的物品时，难度就会大大增加。

此外，教师还可以将生活操作区的练习与益智区的活动相结合，提高活动的挑战性。比如在一指按的练习中，在幼儿操作熟练后，可以让幼儿按照一定的规律摆出漂亮的图形，这样，单纯的手眼协调能力练习就变为益智区的排序活动了。

4. 活动中幼儿频繁更换材料怎么办？

活动中幼儿出现频繁更换材料的现象，要么是因为材料不够吸引幼儿；要么是因为幼儿年龄还小，易被无关因素干扰，没有形成良好的常规；还有一种原因是孩子对材料不熟悉，所以不感兴趣。针对第一种情况，前面已经阐述过。针对第二种情况，教师在区域活动空间的安排上可以做一些调整，比如尽量使生活操作区的空间封闭一些，保持相对的安静和独立，还可以让幼儿面对墙壁操作等，排除无关因素对孩子的干扰。针对第三种情况，教师要注重新材料的介绍，材料投放之初应帮助幼儿了解材料的玩法；还可以通过材料的暗示功能教会孩子自主检查、自我纠错，让幼儿体验完成每种活动后的成就感。比如，在让幼儿练习有规律地串时，教师可以事先串上几组作为范例，让幼儿有模仿的对象可以学习；在做拧的配对练习时，教师可以在瓶盖和瓶底上分别贴上相同颜色的即时贴，帮助幼儿检查和纠错。

总之，材料是否适合幼儿的发展水平，是影响幼儿操作兴趣的重要因素，教师应该提高研究材料的自觉性，逐渐增强自身投放材料的目的性、适宜性和层次性，以促进幼儿在与材料互动过程中的有效发展。

5. 生活操作区中幼儿注意力不集中，不能善始善终地完成操作怎么办？

这种情况在小班比较常见。仔细分析，出现这种情况应该有两个方面的原因：一是由小班幼儿本身的年龄特点所致。小班幼儿注意力集中时间短，活动的目的性不强，活动时容易被外界因素干扰，因此，有时会出现左顾右盼、半途而废的情况。二是因为材料本身的问题。对于小班孩子来说，色彩鲜艳、生动有趣的材料能激发他们参与活动的热情，如果教师提供的材料缺乏趣味性，孩子对机械的练习不感兴趣，也可能导致这种情况。

基于以上分析，教师首先应该注意，为年龄小的孩子提供的生活操作区练习材料最好是生动有趣、色彩鲜艳一些的。在幼儿操作时，教师还可以创设有趣的游戏情境激发幼儿参与的热情。比如在舀的练习中，可以提供大嘴巴动物，让幼儿喂动物"吃饭"；在编织的练习中，可以请幼儿用织布机为小动物织花布，做漂亮的衣服等等。再者，当幼儿出现注意力不集中、做不完练习就到处游荡的情况时，教师应及时介入，以同伴的身份陪伴幼儿一起活动，用语言鼓励幼儿做事坚持到底，或者巧妙地用自身的行为给幼儿做示范，逐步培养幼儿做事的坚持性。当然，对于入园初期做事不能善始善终的孩子，教师要有包容心，允许幼儿有一段适应期，用耐心逐步培养孩子形成良好的习惯。

6. 幼儿容易将生活操作区的材料弄混或撒掉怎么办？

生活操作区中的练习材料数量多、种类杂，而幼儿手部精细动作发展还不够完善，所以经常会发生弄撒材料、把材料弄混了找不到等情况。教师可以从材料盛放和幼儿良好常规的培养两个方面动脑筋，逐步解决这个问题。

第一，在材料方面，除了要用篮子或小碗盛放以外，最好用一个大一些的托盘统一盛放。比如在倒的练习中，教师经常会提供两个小碗，一个用来盛放小米等材料，一个空着供幼儿往里面倒。在活动之初，可以让幼儿在托盘里练习倒来倒去，这样，即使材料不能被准确地倒入另一个碗里，也只是撒在托盘内，便于幼儿自己收集整理。随着幼儿动手能力的增强，可以让幼儿直接在桌面上操作。由于生活操作区的材料比较零散，经常出现活动结束后几种材料混放的情况，针对这个问题，教师可以采取在托盘内贴上材料照片等方式给幼儿必要的提醒，帮助幼儿记忆和整理活动材料。

第二，在常规方面，教师应从幼儿接触生活操作区活动开始就注意培养他们自己收拾物品的习惯，尤其是当材料撒掉时，及时收拾会避免材料的丢失。每次活动开始之前，要提醒幼儿记住活动的材料都有什么；活动结束以后，要提醒幼儿仔细检查材料是否都已收好。时间久了，当收放材料成为孩子们自觉的习惯后，教师就会在收拾整理环境上省力很多。

7. 生活操作区经常会用到剪刀、刀子等材料，怎样在保证幼儿自由活动的基础上确保幼儿的安全？

剪刀、刀子、镊子、叉子、螺丝刀等物品是生活操作区中常见的、必备的操作材料，同时，也是最让老师们纠结的材料，很多老师因为担心孩子的安全问题而不敢放手让孩子自由地使用以上材料，甚至有的老师干脆不给孩子提供这些材料。当然，孩子们的活动一定要在保证安全的基础上进行，但不能因此而畏首畏尾。只要教师措施得当，就可以保证孩子安全且自由地活动。

（1）在材料的选择上动脑筋。幼儿使用的剪刀，一定要选择供幼儿专用的平头剪刀；切水果用的刀子，最初也尽量选用不太锋利的塑料刀子；镊子要尽量选择不太尖利的；螺丝刀的重量、大小也应该尽量适合孩子手部的力量。

（2）在材料的保管上想办法。针对剪刀、镊子等物品，教师可以在旧鞋盒的表面穿一些洞，幼儿在使用完毕后把材料朝下插进去存放；刀子、螺丝刀等比较危险的物品，可以由教师找安全的地方专门存放，待幼儿使用时再向老师领取。

（3）在材料的使用方法和常规上下工夫。比如递交剪刀、镊子等尖锐物品时，应教会孩子要把尖头握在自己的手心，将柄的一端递给别人，以免误伤他人；提醒幼儿，当小朋友使用刀子等物品时，请不要干扰他，不要碰触他的身体等。在幼儿刚刚开始接触这些工具时，教师不应急于让幼儿操作，而一定要重视以上常规的养成，甚至可以抽出时间专门让幼儿练习这些常规，待幼儿熟悉活动的安全注意事项后，再开始进行相应的操作。

8. 生活操作区常见的规则有哪些？

生活操作区的规则对保证幼儿的正常活动非常重要，常用的规则有：

- 从哪里取的材料，用完后要放回哪里；
- 各种材料分类摆放，分别使用，不能弄混；
- 撒掉的材料要及时收起来，防止丢失；
- 材料用完后要恢复原状，以方便别的小朋友使用（如珠子串完以后要一个一个解开放回原处，否则容易打结）；
- 使用刀子、剪刀等物品时要注意保护自己，同时不要乱晃，以免伤到别人；
- 别人使用危险物品时不要在他身边跑动，以免出现危险；
- 递交危险物品时要动作轻缓，将危险的一端握在自己手中递交；

● 不能把颗粒小的操作材料往耳朵、鼻孔里塞。

9. 如何培养小班幼儿良好的生活操作区活动常规？

小班幼儿刚刚进入活动区活动时，老师们最头疼的可能就是活动的常规问题，这一点在生活操作区表现得尤为突出。比如材料使用以后总是很乱，需要老师花费很大的工夫去收拾整理；个别材料还容易出现丢失等情况。其实，对于小班的孩子来说，老师们一定要明白，建立良好的操作常规是首要的任务，不要认为凡是区域活动时间就一定要让幼儿进区活动，有时教师甚至可以拿出专门的区域活动时间来训练孩子的常规。只有这样，孩子正常的活动才能得到保证，教师也不至于整日疲于应付，劳累不堪。

比如，对于物归原位习惯的养成，教师可以在玩具橱和托盘上贴上相同的标志，帮助幼儿记忆和寻找材料的存放位置；还可以带领幼儿进行这样的练习：请幼儿到玩具橱前观察，每一层都有什么材料，材料和橱子上分别有什么标记，然后让全体幼儿围坐成一圈，请几名幼儿分别从橱子上取材料，再请幼儿把材料放回原位。练习递交剪刀等危险物品时，可以组织幼儿围坐成圆圈状，一个一个手握剪刀尖锐的一端递给下一个小朋友。练习在生活操作区轻轻走路不打扰别人时，可以借鉴蒙台梭利教法中走工作毯的游戏，在地面随意摆放一些地垫，请幼儿练习在地垫之间轻轻走路，走时要求不能碰到地垫。

当然，常规的养成不是一日之功，除了开班之初的集中训练以外，教师还应注意及时发现问题及时解决，每次活动注意提醒幼儿，逐步帮助幼儿养成良好的常规。比如，活动结束后，如果老师觉得环境仍然很乱，就可以在分享与交流环节展示活动前后

的对比照片,让幼儿自己发现问题,讨论解决的办法。教师还应根据小班幼儿年龄小记忆不牢固的特点,让幼儿经常练习以巩固获得的经验。

10. 生活操作区活动中,教师以什么样的方式指导更合适?

不同性质的区域活动,教师指导的方式是不一样的。生活操作区的活动以动作训练为主,单纯的语言指导不易让幼儿明白,因此,教师适合用动作或亲身操作来做示范和指导。比如,当老师仔细观察发现幼儿是因为不能将杯口对准而总撒材料时,就可以再次为幼儿示范一遍,并伴以语言的提示:"看清楚了吗?老师倒的时候为什么撒不出来?我是怎么做的?"通过这种方式,帮助幼儿掌握操作的要领,逐步提高动作的准确性。关于编织的技巧,幼儿最初接触时也是不易掌握的。编织活动需要幼儿按照一挑一压的规律编出第一排后,将第二排换成一下一上的规律再来编织,排数多了以后幼儿就很容易出现问题。教师发现问题后也可以重点为幼儿示范换排时的要领,帮助幼儿掌握操作的难点和要点。

11. 活动时幼儿不按操作要求做怎么办?

有些老师可能会发现,在生活操作区中经常会出现明明是倒的材料,孩子却在抓着玩,明明是配对的材料,孩子却拿着它们垒高等现象。很多老师存在这样的困惑:孩子不按我预设的去操作怎么办?老师该不该去干涉他们?是不是干涉多了就会影响孩子的自由活动?其实,出现这样的问题教师不必着急,应该先通过观察孩子的表现做出判断,分析原因,再采取针对性的解决办法。

孩子出现不按要求操作的现象,不外两种原因:一是对材料的玩法不熟悉,还不知道应该怎么玩,不会玩;还有一种情况是孩子对材料非常熟悉，操作已经非常熟练了，因为材料缺乏足够的挑战性，所以他们自己创造玩法去玩。如果是因为第一种原因，那么教师要回过头来从介绍材料、介绍玩法入手，帮助幼儿了解并掌握材料的玩法。第二种原因是很常见的，因为教师投放材料以后容易放松下来，如果不注意观察幼儿的操作情况，孩子就会对活动失去兴趣。那么，教师应该参考前面阐述的增强材料挑战性的方法，让材料焕发新的生机，不断激发幼儿持续活动的兴趣。

12. 怎样针对不同个性的幼儿进行适宜的指导？

不同个性的幼儿在操作材料时，表现会大不相同。有的孩子大大咧咧，操作时满足于玩的过程本身，并不完全按照老师的要求去做；有的孩子认真仔细，老师只需讲解一遍，他就会一板一眼地按照老师的要求去做，但似乎又让老师觉得这样的孩子缺乏灵活性和创造性。其实两类孩子各有所长，教师不必强求孩子都按照一个模式发展，但应注意发挥两类孩子的优势，弥补其不足。

针对做事大大咧咧的幼儿，教师应肯定其参与活动的积极性，但可以有意识地提供一些需要耐心和精细动作的复杂一些的材料，通过训练培养幼儿做事的坚持性和耐心；对于过分仔细不善变通的幼儿，可以在肯定其仔细认真的同时，鼓励他创造性地使用材料。或者可以有意识地将两种不同性格的幼儿经常安排在一起活动，让他们相互影响，取长补短。

13. 怎样使生活操作区与益智区的活动相结合？

生活操作区的活动经常会与益智区有所交集，有时候本来是以生活操作区练习为主的活动，在幼儿熟练后可能就演变成益智区的活动。比如前面讲到的，串珠子的练习如果没有任何要求，让幼儿随意串，那么活动主要是以训练幼儿手眼协调能力为主，就是比较纯粹的生活操作区练习；如果让幼儿按照颜色、形状的某种规律来串,那么这样的活动就演变成了益智区的活动。再比如抓的练习,最初可以让孩子单纯练习五指抓、三指抓等,以发展幼儿的手眼协调能力为主,这是生活操作区的活动;动作熟练后,可以请幼儿把每次抓出来的东西的数量数出来,这就变成了益智区的活动。总之,生活操作区和益智区的活动互相联系、密切相关,只要老师牢记,不管投放什么材料、组织什么活动,目的都是为了促进幼儿的发展,那么,教师就不会因为是生活操作区的活动还是益智区的活动而困惑了。

五、活动案例

1. 抓豆子,分豆子

【活动目标】

练习两指抓,锻炼手部的精细动作。

【活动准备】

米奇妙妙屋图片,四个主人公及小盒子,红、黄、绿、黑豆若干(见图1)。

图1

【操作要点】

（1）请幼儿帮助米奇妙妙屋的朋友们将混在一起的豆子分开。

①把红色的豆子放在米妮的盒子里。

②把黄色的豆子放在唐老鸭的盒子里。

③把黑色的豆子放在米奇的盒子里。

④把绿色的豆子放在高飞的盒子里。

注意提醒幼儿用两指抓的方法将不同颜色的豆子从盒子里一一取出，并放到相应的盒子里。

（2）练习完成后，提醒幼儿要将材料收好归位，注意不要将盒子里的豆子撒掉。

【观察要点】

幼儿是否能够耐心细致地将四种豆子按照要求分开，并注意不把材料撒得到处都是。

【指导建议】

（1）最初豆子的数量不宜过多，以免幼儿迟迟完不成练习而放弃。为提高幼儿的操作兴趣，教师可以用游戏的语言提醒幼儿帮助四个朋友将弄混的豆子分开，鼓励幼儿坚持将几种颜色的豆子分完。

（2）可以在四个主人公的盒子上贴上相应颜色的标志，提示幼儿按照颜色将豆子分类。

（3）幼儿操作熟练以后，可以提醒幼儿边分边数数，让幼儿将抓的练习与分类、数数练习结合，提高活动的趣味性和难度。

（山东省淄博市科技苑幼儿园　卢丹凤）

2. 插插乐

【活动目标】

练习两指抓、插的动作，提高手眼协调能力。

【活动准备】

用硬纸壳做的葵花花盘一个（见图2），上面用刻刀刻出若干瓜子大小的洞；纸盒内盛葵花子若干；托盘。

图2

【操作要点】

（1）将葵花花盘与盛放葵花子的纸盒取出，分别放在桌子上。

（2）用两指抓的方法将葵花子拿起插入花盘上的小孔中。

（3）依次认真地将葵花的花盘插满葵花子。

（4）操作结束后，将葵花子取出放回纸盒，然后将花盘和纸盒一起收入托盘内，放回到玩具橱中。

【观察要点】

（1）观察幼儿能否耐心地把葵花子插满花盘。

（2）观察幼儿是按照一定的顺序插还是随意地插，以了解幼儿秩序感的发展情况。

【指导建议】

(1) 该活动需要手部精细的动作才能完成,教师在幼儿最初练习时应注意鼓励幼儿,培养幼儿做事的耐心和坚持性;也可以创设有趣的情境激发幼儿操作的兴趣,比如对幼儿说:"我们喜欢长满葵花子的葵花。"鼓励幼儿坚持把葵花子全部插满。

(2) 教师还可以提供不同颜色的棉签,让幼儿在穿好洞的纸盒上插出小动物的图案(见图3);或者在用纸壳做的鱼身上插满鱼鳞等,进一步练习两指抓和插的动作,增强手部动作的精确性。

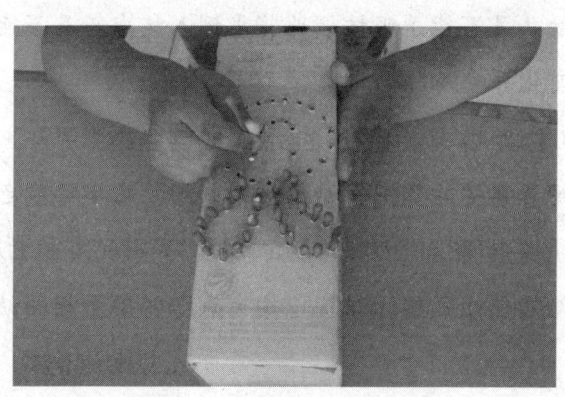

图3

(山东省淄博市市直机关第二幼儿园　徐颖)

3. 色水变变变

【活动目标】

练习倒的动作,锻炼手部动作的控制力;初步感知颜色混合后的变化。

【活动准备】

两个小玻璃杯,一个大玻璃杯;彩笔水;抹布一块;托盘;剪刀；记录纸；水彩笔。

【操作要点】

（1）拿两个小杯子依次各取半杯水。

（2）分别在两个小杯子中滴入红色和蓝色的彩笔水，玩"色水变变变"的游戏：将红色水和蓝色水依次倒入大一些的空杯子里，仔细观察两杯水混合在一起后颜色的变化。

（3）请幼儿用相应颜色的水彩笔做简单的记录。

（4）变换其他颜色，继续玩"色水变变变"的游戏。

【观察要点】

关注幼儿是否能手眼协调地将水倒入杯中，是否能仔细观察水的颜色变化并做简单的记录。

【指导建议】

（1）操作熟练后可以提示幼儿不断变换色水的颜色，在玩色水的游戏情境中增强倒的动作的准确性，并感受有趣的颜色变化。

（2）幼儿使用的杯子口可以由大到小，逐步提高幼儿动作的精确性。

（山东省淄博市市直机关第二幼儿园　刘春晓）

4. 小勺舀食物

【活动目标】

练习用小勺舀的动作，发展手眼协调能力。

【活动准备】

用纸盒制作的三个小宝宝形象，用布缝制的汤圆、粽子、水饺等三种食物（放在托盘或盒子里），小勺。

【操作要点】

（1）请幼儿分别把三种食物取出来，放在桌子上。

（2）请幼儿分别用小勺舀起食物喂到宝宝的嘴巴里。

（3）请幼儿分别把三种食物用五指抓的方法取出，放回托盘。

（4）提醒幼儿要把所有的材料物归原处。

【观察要点】

观察幼儿在用小勺喂食的过程中，是否能够手眼协调一致地做动作，以准确地把食物喂到宝宝的嘴巴中。

【指导建议】

（1）有条件的班级可以把宝宝的头像固定在墙上，这样幼儿更容易操作。宝宝的嘴巴可以设计得有大有小，也可以有三角形、半圆形、圆形、正方形等不同的形状，以提高幼儿练习的趣味性和难度。

（2）能力强的幼儿在喂宝宝的过程中，教师可以引导他边喂宝宝边点数食物的数量，将动作练习与益智游戏相结合。

（3）教师还可以自制幼儿喜欢的动物形象，让幼儿练习用筷子夹食物喂小动物"吃饭"，以锻炼幼儿夹、舀等手部动作的准确性。

（山东省淄博市黄金国际幼儿园　杨丽娜）

5. 夹子小人

【活动目标】

学习使用夹子，发展手指动作的协调性。

【活动准备】

各种颜色的塑料夹子若干、光盘、纸卡、纸盒等。

【操作要点】

（1）幼儿选取自己喜欢的夹子,夹在自己衣服的各个部位（见图4），让自己变成一个地道的"夹子小人"。

(2) 把夹子夹在光盘、纸卡或纸盒上。

(3) 数一数、比一比,看谁夹的夹子最多。

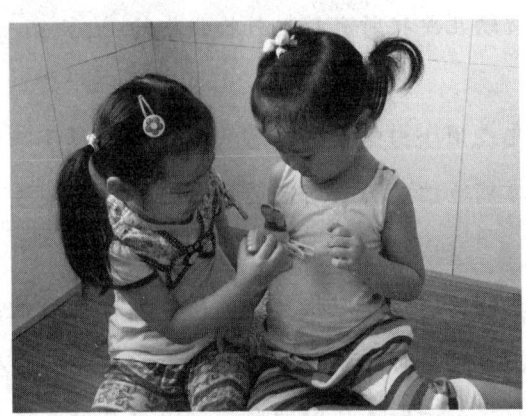

图 4

【观察要点】

重点关注幼儿是否可以灵活地运用夹子,是否对玩夹子有持续的兴趣,并不断变化玩的花样。

【指导建议】

(1) 可以提供各种可以夹的材料让幼儿夹上夹子,如剪成毛毛虫或螃蟹形状的卡纸等,感受夹子游戏的乐趣。

(2) 可以提示幼儿边夹夹子边数数,提高点数的能力。

(3) 可以提示幼儿分辨夹子的颜色,按颜色夹夹子。

(4) 可以提示幼儿学习用左右两只手同时夹夹子,提高动作的协调性。

(山东省胜利油田公共事业管理部学前科 姜春华)

6. 夹蛋

【活动目标】

练习用夹子夹球形物品,发展动作的灵巧性。

【活动准备】

托盘、中号夹子、用布和泡沫制作的"乌龟妈妈"、中药丸的壳（或白色小球）、小盘子（见图5）。

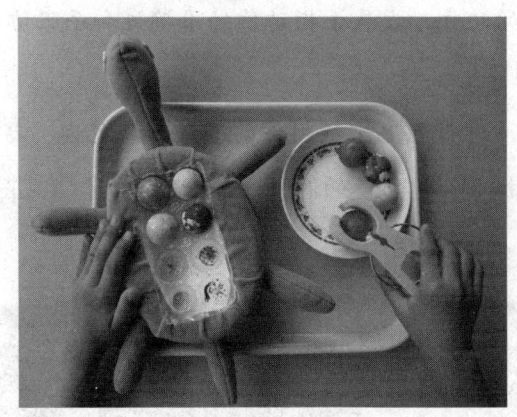

图5

【操作要点】

（1）打开乌龟妈妈背上的壳，数数乌龟妈妈肚子里有几个蛋。

（2）用夹子帮助乌龟妈妈把蛋宝宝生在沙滩上（盘子里）。

（3）将蛋宝宝藏回乌龟妈妈的肚子里。游戏可以反复进行。

【观察要点】

观察幼儿是否能够小心地将蛋宝宝用夹子夹住，并有序地放在沙滩上。

【指导建议】

（1）提供的夹子应与乌龟蛋的大小相适宜。

（2）应关注幼儿使用夹子的动作，提醒幼儿小心地保护蛋宝宝。

（3）可以把白色小球涂上红、黄、蓝等颜色，把乌龟身上盛蛋的容器也相应涂上红、黄、蓝等颜色，让幼儿通过游戏练习配对。

（山东省淄博市市直机关第二幼儿园　槐艳）

7. 小吃串串烧

【活动目标】

练习串的动作，发展手指动作的准确性和手眼协调能力。

【活动准备】

塑料筐，用彩色泡沫纸制作的各种形状的肉、蔬菜若干（上面用打孔机打上一定数量的洞），彩色吸管若干（见图6）。

图6

【操作要点】

（1）串肉串。教师告诉幼儿："烧烤店开张了，我们要为烧烤店串一些肉串。"请幼儿选择"肉片"，将吸管依次穿过"肉片"上的洞，串成好吃的"烤肉串"，用于角色游戏。

（2）串蔬菜串。教师告诉幼儿："小吃摊里需要各种蔬菜，我们为他们提供蔬菜串做麻辣烫吧。"幼儿选择形状各异的"蔬菜"，将吸管依次穿过上面的洞洞，串成"蔬菜串"提供给班级的"风味小吃摊"。

【观察要点】

重点关注幼儿能否熟练地运用串的技能完成活动。

【指导建议】

(1) 可以请能力强的孩子按照颜色或形状有规律地串"肉串"或"蔬菜串"。

(2) 引导幼儿把自己串好的"肉串"送到"厨房"请小厨师烤制,将串好的"蔬菜串"送到"小吃摊",并邀请好朋友分享自己制作的"美味小吃"。

(山东省淄博市黄金国际幼儿园 李玫)

8. 彩色毛毛虫

【活动目标】

练习扣纽扣的动作,锻炼手指的灵活性,提高手眼协调能力。

【活动准备】

托盘,用绒布剪成的若干圆片(一端缝有纽扣,一端锁上扣眼),带触角的毛毛虫头(一端有触角,一端有扣眼)。

【操作要点】

(1) 幼儿将毛毛虫头放在最前面,然后依次将各种颜色的圆形布片和头部扣在一起,连接后变成一条彩色的毛毛虫(见图7)。

(2) 扣好后可以将毛毛虫身上的扣子逐一解开,反复练习。

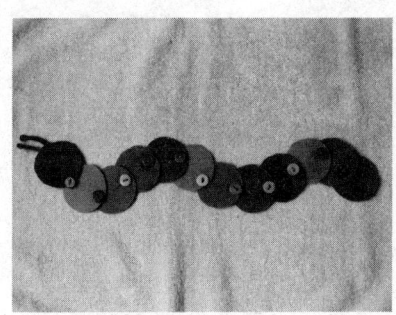

图7

【观察要点】

观察幼儿是否能够左右手协调做系扣子的动作,是否能够熟练地将扣子扣到扣眼里。

【指导建议】

(1) 操作熟练后,可以引导幼儿根据颜色有规律地扣扣子。

(2) 为提高活动的趣味性,教师还可以制作大小不同的布鱼,让孩子玩"鱼妈妈和宝宝"的游戏,用纽扣将鱼按照从大到小的顺序连接起来(见图8),或者在美丽的"孔雀"身上缝上纽扣,让幼儿将带扣眼的圆片扣到上面,做成美丽的"孔雀开屏"(见图9)。

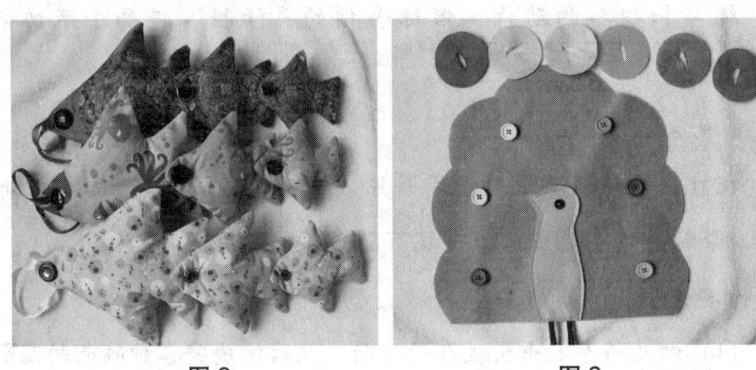

图8　　　　　　　　图9

(山东省淄博市科技苑幼儿园　邢娜娜)

9. 能干的"小兵"

【活动目标】

练习一指按的动作,发展手眼协调能力。

【活动准备】

工字钉、小泡沫垫、画有各种图案的纸张。

【操作要点】

(1) 玩游戏：小兵走走。

①上幼儿园：在泡沫垫上画一条线路，在线路的始末端标明家、幼儿园，小兵沿线路从家走到幼儿园（见图10）。

②爬楼梯：在泡沫垫上画一条像楼梯的线路，小兵从最下面沿楼梯爬上去（见图11）。

③走迷宫：在泡沫垫上画一个迷宫，小兵沿迷宫路线走到最里面（见图12）。

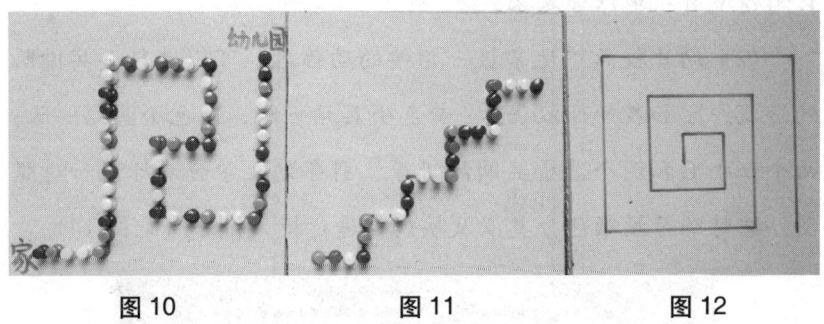

图10　　　　　　图11　　　　　　图12

(2) 玩游戏：小兵画画。

把画有各种图案的纸张固定到小泡沫垫上，小兵沿图案的线条排列，最后形成漂亮的立体图案（见图13）。

图13

【观察要点】

（1）重点观察幼儿在活动过程中是否能用一指按的动作完成操作。

（2）幼儿在使用工字钉时，教师一定要提醒幼儿注意安全，避免发生危险。

【指导建议】

（1）在"小兵走走"的游戏中，可以利用各种情境激发幼儿对活动的兴趣，如小兵逛动物园、小兵去游乐场等，将线路的设计与情境有机地结合起来。

（2）幼儿较熟练地掌握一指按的动作后，可以进行小兵排队的游戏。比如教师可以提示：黄色小兵站一队，蓝色小兵站一队；两个红小兵和两个蓝小兵间隔排等，引导幼儿学会看标记和对照图，同时练习按颜色分类以及按规律进行模式排序（见图14）。

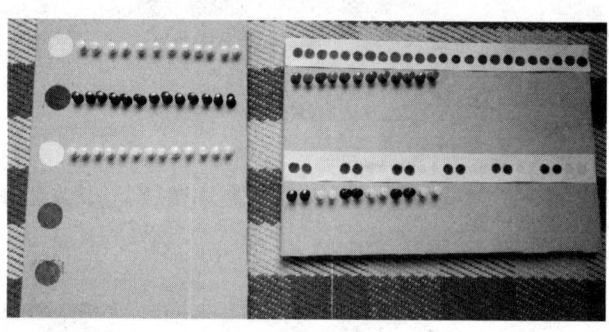

图14

（山东省淄博市市直机关第三幼儿园　胡芹）

10. 叠手绢

【活动目标】

练习折、叠的技能，发展动手能力及自我服务能力。

【活动准备】

托盘，画上折线的手绢。

【操作要点】

(1) 幼儿可以根据手绢上的折线，练习对边折、对角折（见图15）。

(2) 可以利用有趣的儿歌学习折叠手绢。

(3) 操作完成后，将材料收回托盘，并将托盘放回原位。

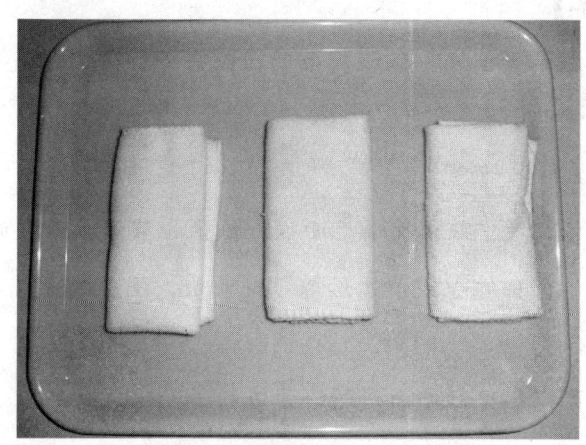

图 15

【观察要点】

重点观察幼儿能否将两条边、两个角对齐折叠，必要时提供帮助。

【指导建议】

(1) 可以将折叠的练习变成有趣的游戏，让孩子们学习折叠正方形、长方形、三角形的蛋糕等。

(2) 幼儿练习熟练后，可以去掉手绢上的提示折线，让幼儿自由折手绢；还可以把手绢换成小号的衣裤，让幼儿练习边说儿歌边自己叠衣裤，培养生活自理能力。比如关关门（将衣襟左右对齐)，点点头（将帽子放下来），抱抱肩（将左右袖子折叠好），弯弯腰（将衣服上半部分折下来）。

(山东省淄博市市直机关第二幼儿园　刘静)

11. 剪面条

【活动目标】

练习剪的技能，培养专注力及手眼协调能力。

【活动准备】

托盘内放置画好一根根线条的白纸若干、剪刀以及用纸巾盒做成的大嘴巴小猴。

【操作要点】

(1) 从托盘中取出大嘴巴小猴、纸张和剪刀放在桌面上。

(2) 从最初的短线条开始练习剪面条，逐步换成练习剪比较长的面条。

(3) 可以把剪好的面条送给旁边的小猴吃。

【观察要点】

关注幼儿是否熟练地掌握开合剪刀的技能，并注意使用剪刀的安全。

【指导建议】

(1) 教师提供的材料可以从简单到复杂，逐渐提高难度，并区分出相应的层次。比如，可以提供4厘米长的短直线条，10厘米左右的长直线条，10厘米以上的弧线条等不同难度的材料，分别满足不同发展水平幼儿的需要。

(2) 为提高幼儿的练习兴趣，教师可以创设"给小猴做面条"等有趣的情境，让幼儿的操作变得有意思和有意义。

(山东省淄博市黄金国际幼儿园　李玫)

12. 夹点心

【活动目标】

练习使用筷子，发展手眼协调能力；发展一一对应、分类的能力。

【活动准备】

筷子，分类盘，用软布做的不同大小的食物（如汤圆、饺子、点心等），开口不同的动物形象容器两个（见图16）。

图16

【操作要点】

(1) 从分类盘中选择想要夹起的点心，然后拇指、食指和中指配合，用筷子将点心夹起。

(2) 选择开口大小不同的小动物，将点心送入小动物口中。

(3) 操作结束后将点心从瓶中倒回分类盘中，并分类归位。

【观察要点】

重点观察幼儿动作的协调性、耐心，以及对活动的兴趣和坚持性。

【指导建议】

（1）鼓励幼儿尝试夹起不同形状的点心。

（2）可根据幼儿动作发展的实际水平，投放不同材质的点心以及长短不同的筷子，引导幼儿进行练习。

（山东省淄博市周村正阳幼儿园　李娜）

13. 彩色通道

【活动目标】

练习夹的动作，锻炼手部精细动作。

【活动准备】

小夹子一个，彩色小珠子若干，盛珠子的容器两个，用塑料管和矿泉水瓶做成的通道两条（弯成S形固定在墙面上），漏斗容器一个（漏斗下有小杯子接住落下来的球）（见图17）。

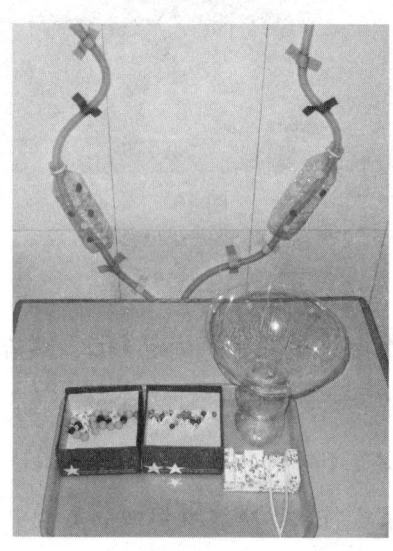

图 17

【操作要点】

（1）将托盘中的漏斗容器放置在两条通道的末端。

（2）用夹子将盒内的小球依次夹入通道中，观察小球滚落的运动轨迹。

（3）待盒内小球经由通道进入漏斗下的杯子中后，再将小球倒回到盒内，再次以同样的方法重复练习。

【观察要点】

关注幼儿用夹子运球时的控制能力，以及幼儿是否能仔细观察小球的运行轨迹。

【指导建议】

（1）初次操作时，可在放置漏斗容器的位置画个圈提示幼儿，以便幼儿迅速找到合适的摆放位置。

（2）球与通道的距离可以由近及远，通道的形状可以变得越来越复杂，以提高活动的趣味性和练习难度。

（3）幼儿操作熟练后，可更换略小的珠子以及细一点的透明通道，供幼儿继续操作。

（山东省淄博市黄金国际幼儿园　李莹）

14. 注水入瓶

【活动目标】

练习一定距离内将水注入瓶子小孔，提高手眼协调能力。

【活动准备】

泡泡糖瓶子两个（瓶身上分别装饰小草和小花，盖子上剪出大小不同的两个孔），废旧酱油桶一个作为水壶（见图18）。

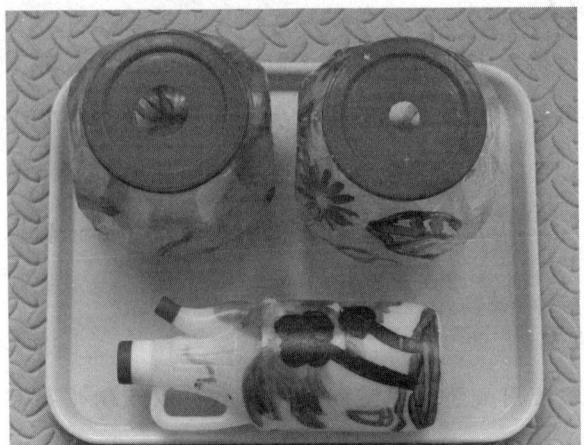

图 18

【操作要点】

(1) 用水壶接上适量的水（大约 2/3 处）。

(2) 手拿水壶，离瓶子口大约 30 厘米远，让水经由小孔注入瓶中。

(3) 操作结束后可以将水全部用来浇花，并整理好水壶等物品。

【观察要点】

重点观察幼儿是否能够将水壶对准小孔注水。

【指导建议】

(1) 教师可以创设"给小花浇浇水"、"给小草浇浇水"的情境引导幼儿练习。

(2) 幼儿操作熟练后，教师可将瓶盖上的小孔换成更小一点的，并将水壶与瓶口的距离再拉远一些，提高练习的难度。

(山东省淄博市周村正阳幼儿园　王春美)

15. 剪鬃毛

【活动目标】

练习不规则地涂、剪，提高动手操作能力。

【活动准备】

马的鬃毛图操作纸、水彩笔、剪刀、托盘（见图19）。

图19

【操作要点】

(1) 用水彩笔按照线条把马的鬃毛均匀涂色。

(2) 使用剪刀沿着不规则的曲线剪出马的鬃毛。

【观察要点】

重点观察幼儿是否能够沿线涂、剪。

【指导建议】

(1) 教师可以引导幼儿用不同颜色的水彩笔交替涂色，以增加活动的趣味性。

(2) 设计一些有趣的图画（见图20）让幼儿练习比较复杂的曲线剪、折线剪等，逐步提高使用剪刀的灵活性，发展动手能力。

图 20

(山东省淄博市科技苑幼儿园　王炳勤)

16. 剥种子

【活动目标】

练习剥的技能，提高手眼协调能力。

【活动准备】

托盘，装有各类瓜子的食品罐（如葵花子、南瓜子等），小碟子，垃圾盒。

【操作要点】

（1）使用托盘将食品罐、小碟子和垃圾盒取出，分别放在桌子上。

（2）选择自己喜欢的瓜子，用手抓到自己的小碟子里。

（3）用一只手的拇指和食指捏住瓜子的两个侧边，用两指捏的方法将瓜子皮打开一个小口（力气小的小朋友可以用另一只手的拇指与食指辅助用力），然后一手固定好瓜子的底部，一手从瓜子顶端的开口处将皮剥开，取出瓜子仁，同时将瓜子皮放到垃圾盒内。

（4）品尝美味的瓜子仁，也可以与同伴分享自己的劳动成果。

（5）操作结束后，将食品罐、小碟子和垃圾盒一起放入托盘，物归原处。

【观察要点】

（1）观察幼儿能否正确地用两指捏的方法手眼协调地剥瓜子。

（2）观察幼儿是否具有良好的秩序感，能按照操作顺序取放物品，并将瓜子皮放到垃圾盒内。

【指导建议】

（1）注意饮食卫生，操作前要提醒幼儿洗手。

（2）操作时注意幼儿良好卫生习惯的养成，教育幼儿不乱扔瓜子壳，剥完瓜子后将瓜子壳放到垃圾盒内倒掉。

（3）应注意提供的操作材料由易到难，可以先让幼儿练习较容易剥开的花生、毛豆等，待幼儿动作熟练后再换成葵花子、南瓜子等种子进行练习；还可以逐步让幼儿尝试敲开核桃等较难剥的干果。

（山东省淄博市市直机关第二幼儿园　梅迎迎）

17. 编花篮

【活动目标】

学习编织活动中挑一压一、挑二压二等基本的挑压技巧。

【活动准备】

托盘、彩色绳子若干条、塑料经线篮。

【操作要点】

(1) 将托盘取过来放在面前，拿出自己喜欢的塑料经线篮和彩色绳子。

(2) 用左手将绳子的一端固定在塑料经线篮最下层的里面，然后按照挑一压一或挑二压二的挑压技巧依次在经线上缠绕。

(3) 缠绕一圈后，将绳子的剩余部分轻轻放在一边，然后用第二条彩色绳子编织第二层，与第一层编织挑压方法相同，但动作相反，即先压后挑（见图21）。

图21

(4) 第三层用第一层的彩绳先挑后压依次缠绕，第四层用第二层的彩绳先压后挑依次缠绕，如此循环往复，直至花篮顶端。

(5) 编织结束后，将彩绳的末端向里折压穿编至纬线中。

(6) 操作结束后，可以将编好的花篮放在作品展示区中展示，将其余材料放回托盘，物归原处。

【观察要点】

重点观察幼儿是否能够在上下两层采用相反的动作进行编织。

【指导建议】

(1) 用彩色绳子绕经线篮时，要使线保持平行依次缠绕。

(2) 编织开始时，提醒幼儿要将绳子的起始端固定好。

(3) 注意提示幼儿编织过程中上下两层方法相同，挑压动作相反。

(4) 编织的操作练习比较复杂，幼儿练习时教师不要急于求成，要允许幼儿在不断的探索过程中逐步发现规律，完成练习。

(山东省淄博市市直机关第二幼儿园　梅迎迎)

18. 开锁

【活动目标】

了解钥匙的齿轮与锁口形状的关系，将钥匙和锁配对，并能用钥匙开锁。

【活动准备】

不同的钥匙和锁各5套，橡皮泥。

【操作要点】

(1) 选择一把钥匙，依次试开每一把锁，发现一把钥匙只能打开一把锁。

(2) 选择一把锁，依次试用每一把钥匙，发现只有一把钥匙能够把锁打开。

(3) 尝试将所有的钥匙和锁依次配对。

(4) 自由操作配对的钥匙和锁，看是否能够运用正确的方法把每把锁打开。

(5) 将钥匙印入橡皮泥中，观察、比较每把钥匙印的形状，发现它们的不同。

【观察要点】

观察幼儿能否发现钥匙齿轮形状的不同,从而为不同的锁找到钥匙。

【指导建议】

(1) 提醒幼儿在用钥匙开锁时,要将钥匙插到底再旋转,插不进去的要换一把锁再试。

(2) 教师应重点指导幼儿观察、比较钥匙齿轮形状的不同,感受一把钥匙开一把锁的现象。

(3) 提醒幼儿观察钥匙与锁口的形状,找出规律,进行配对。

(山东省淄博市市直机关第二幼儿园 王艳)

19. 编织相框

【活动目标】

能按逆时针顺序依次间隔相等的距离进行缠绕,发展手眼协调能力。

【活动准备】

锯齿形状的圆盘,足够长的毛线。

【操作要点】

(1) 在锯齿形的圆盘上任意找一个地方,把毛线的一端放在圆盘的背面,用手压住背面,间隔相等的距离进行缠绕(如果间隔8个锯齿,每次缠绕也应间隔8个)。

(2) 将毛线按逆时针顺序依次进行缠绕(见图22),缠绕时应把毛线开始的一端压住。

(3) 把锯齿形的圆盘绕完一周后,将剩余的线剪断,在背面打结系好,作品即宣告完成。

图 22

【观察要点】

注意观察幼儿在缠绕的过程中,能否按照逆时针的顺序间隔相等的距离缠绕。

【指导建议】

(1) 初次缠绕时,注意引导幼儿按逆时针的顺序缠绕,间隔的距离要相等。

(2) 引导幼儿找出间隔距离的规律,尝试用更快的方法进行缠绕。

(3) 请幼儿将自己与父母、朋友的照片放到自制的相框里,体验自己动手的成功感。

(山东省淄博市黄金国际幼儿园 向攀)

20. 编辫子

【活动目标】

练习双手配合编辫子,发展手指精细动作。

【活动准备】

自制两种不同的女孩立体模型。

【操作要点】

(1) 将女孩立体模型放到桌面上，双手配合把女孩的头发一分为二，每边头发又平均分成三股。

(2) 双手分别拿左右两股，右手持一股往里压中间一股后，左手持一股往里压中间一股。

(3) 按以上方法持续编小辫，直至头发末梢，并为小辫系上皮筋（见图23）。

图23

【观察要点】

重点关注幼儿编辫子的动作是否正确，必要时提供帮助。

【指导建议】

(1) 编辫子的练习比较复杂，教师可以在区域的墙面上提供操作步骤图，帮助幼儿熟悉编辫子的基本步骤。

(2) 该活动最初操作时会有一定的难度，教师要关注幼儿的手部动作是否协调，必要时进行示范或给予具体的指导。

(3) 幼儿操作熟练后，可以提醒幼儿将编辫子的技能运用到"理发店"，为朋友设计好看的发型；还可以在起床后互相服务，尝试为朋友梳辫子，将生活操作区获得的技能运用到生活中，提高自我服务能力。

(山东省淄博市周村正阳幼儿园　高明丽)

21. 蜘蛛结网

【活动目标】

尝试转圈编织,提高手眼协调能力。

【活动准备】

在正方形木框上按上工字钉,用毛线结成米字形的框架;长短适中的各色毛线或彩绳若干。

【操作要点】

(1) 选取自己喜欢的毛线或彩绳,将一端固定在米字形框架的中心。

(2) 将毛线或彩绳的另一端由米字型框架的中间向外沿转圈编织(编织时第一圈采用一挑一压的方法,第二圈换为一压一挑,照此类推),使蜘蛛网逐渐变大(见图24)。

(3) 将蜘蛛网全部编完后,欣赏自己完成的作品。

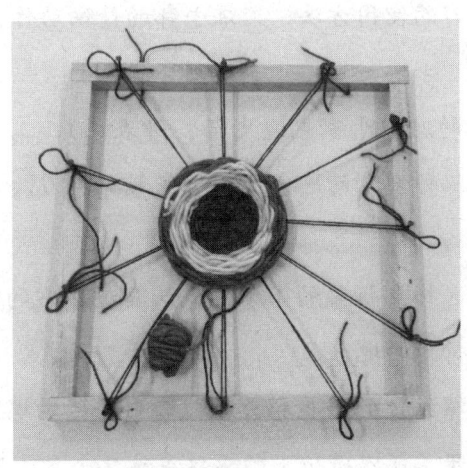

图24

【观察要点】

观察幼儿能否熟练地掌握一挑一压的编织方法,并在每次换行时改变编织方法;幼儿能否发现错误并及时纠正。

【指导建议】

(1) 游戏初期,教师可以在米字形框架上编织一部分毛线,为幼儿操作做提示。

(2) 为适应不同发展水平幼儿的需要,可提供纬线疏密不同的米字框和粗细不同的绳子。在幼儿操作熟练后,也可以逐渐增大米字框的密度,将毛线或彩绳变细,增加活动的难度。

(3) 在幼儿操作过程中,教师可以引导幼儿自己发现换行时的规律,并注意在每次换行时正确操作。完成整个练习后,可以让幼儿欣赏自己的作品,体验活动的成功感。

(山东省淄博市市直机关第二幼儿园　许玲)

22. 能干的修理师

【活动目标】

掌握螺丝刀的使用方法,锻炼手部的精细动作。

【活动准备】

结构简单的废旧小家电(电话、钟表等),工具箱一个(盛放大、中、小三种型号的一字形和十字形螺丝刀),小盒子一个。

【操作要点】

(1) 自主选择要拆装的小家电,认真观察它的结构,寻找表面有螺丝可以拆开的地方。

(2) 根据螺丝口的形状和大小,选用合适的螺丝刀将小家电的螺丝逐一拆开。可以将拆下的螺丝存放在小盒子里,以免丢失。拆卸时要注意记忆螺丝的位置和家电的结构,以便顺利安装。

（3）按照记忆将拆开的小家电重新组装，如遇困难可反复尝试，仍不能成功的话可以请教朋友和老师。

（4）操作结束后，认真检查工具和零件，并将物品归位，以免丢失。

【观察要点】

（1）在幼儿操作中，重点观察他们对工具的选择和使用情况。

（2）在材料投放初期，要密切关注幼儿操作的秩序和安全使用工具情况。

【指导建议】

（1）在拆装小家电之前，教师应提供机会让幼儿练习使用螺丝刀等工具，提高手部动作的灵活性。这项活动适合已经初步具有螺丝刀使用经验的幼儿操作。

（2）最初练习时可以允许幼儿自由拆装，锻炼幼儿做事的认真仔细和记忆力；如果幼儿拆开后安装有困难，教师可以提供必要的提示图纸，帮助幼儿将拆开的小家电完整安装起来。

（3）教师还可以提供图纸、材料和工具箱，鼓励幼儿尝试用木板、木块和螺丝组装小盒子等简单的生活用品。

（山东省淄博市市直机关第二幼儿园　许玲）

23. 植物美容院

【活动目标】

关心周围环境，学习照顾植物的方法。

【活动准备】

等待"美容"的大叶子植物；工具（喷壶、毛巾、剪刀、铲子等）。

【操作要点】

（1）"我给植物洗洗澡"：使用喷壶将植物的叶面喷湿，然后用毛巾将植物的叶面逐一擦干，使叶面干净整洁。

(2)"我给植物来造型"：使用剪刀修剪植物已经枯萎的叶子。

(3)"我给植物松松土"：使用小铲子给花盆底部松松土。

【观察要点】

(1)观察幼儿能否耐心、细致地照顾植物，认真完成任务。

(2)通过关注幼儿活动的表现（表情、语言、动作等），分析幼儿在照顾植物的过程中是否产生情感的变化和升华。

【指导建议】

(1)可以与科学区的观察活动有机结合，丰富幼儿对各种植物的认识。

(2)为了使活动更加生动、有趣，可以扩大"服务"的范围，比如推出叶面营养（使用啤酒）、施肥等项目，提高幼儿活动的兴趣。

(山东省淄博市市直机关第二幼儿园　许玲)

24. 整理文具盒

【活动目标】

学习有序、合理地整理文具盒，初步养成在生活中独立整理物品的习惯和能力，为进入小学做准备。

【活动准备】

两层的文具盒、铅笔、橡皮、尺子、小转笔刀等。

【操作要点】

(1)打开文具盒，仔细观察文具盒的结构。

(2)将铅笔、橡皮等常用文具有序地摆放在文具盒的第一层。

(3)将尺子、转笔刀等有序地摆放在第二层（如转笔刀放不下，可放于书包两侧的小插兜），其他不常用的小物件也可放在第二层。

(4) 整理完毕后，自己检查盒内的文具是否摆放得整齐有序。

【观察要点】

观察幼儿能否记住文具的种类和数量，能否不丢失文具，能否有序地取放盒内的文具。

【指导建议】

(1) 教师可以引导幼儿自己尝试根据不同文具盒的形状、大小等存放不同数量、大小、厚薄的文具。

(2) 引导幼儿将常用的东西尽可能地放在最方便取用的一层。

(3) 整理完毕后请幼儿自己观察并记忆各种文具存放的位置，并尝试迅速找出要用的文具，培养幼儿整理东西的秩序感，避免文具的丢失。

(山东省淄博市科技苑幼儿园　李晓萍)

25. 整理小书包

【活动目标】

学习独自分类和整齐摆放学习用品，有初步的责任意识和自我管理能力，为进入小学做准备。

【活动准备】

有两个隔层的书包；大小不一的书籍、练习本、文具盒、水杯、面巾纸等零碎小物件若干。

【操作要点】

(1) 尝试将书、本子等分类，并分别按照大的放在下面、小的放在上面的顺序整齐有序地摆放到书包里。

(2) 将整理好的书籍放在书包底层，练习本放在书包上层。

(3) 将文具盒放在练习本的上面。

(4) 将水杯和面巾纸等小物件放入书包两侧的插兜。

(5) 整理完毕后，打开书包尝试迅速找到某本书或者某个本子，锻炼迅速拿取书包内物品的能力。

【观察要点】

观察幼儿能否将书、本子等分类，并分别按照一定的顺序进行摆放。

【指导建议】

(1) 引导幼儿自己思考书包里的物品怎样摆放才能拿取得更方便。

(2) 可以先在活动区里提供以上材料，让幼儿练习自己整理小书包，然后再在大班末期让幼儿自己带书包来园，逐步培养幼儿自己收拾书包的能力，为顺利进入小学做好准备。

(山东省淄博市科技苑幼儿园　李晓萍)

一、活动内容与关键经验

幼儿园美工区是教师根据教育目标和幼儿发展水平，为幼儿提供的一个自由欣赏和创作美术作品的个别化学习的场所。在美工区，教师可通过有目的的环境创设和材料投放，让幼儿按照自己的意愿和能力，选择感兴趣的工具和材料进行创作，选择喜爱的美术作品体验欣赏，进而表达自己的所思所想。美工区活动是幼儿园区域活动中不可缺少的活动之一，是美术教育活动的重要形式，不仅能培养幼儿的审美能力，而且可以促进幼儿感知体验、情感表达特别是想象力、创造力的发展，从而促进幼儿健全人格的形成。

（一）活动内容

美工区活动集欣赏、玩色、构图、制作为一体，以游戏为基点，让幼儿通过与美术材料的交互作用，在观察、操作、发现、想象、表现、创作中激发对美术活动的兴趣，发现美、欣赏美、表现美、创造美并获得身心的愉悦。

根据材料和活动内容的不同，美工区活动可分为绘画、手工、欣赏三大板块。

1. 绘画活动

幼儿园的绘画活动从绘画种类上来讲，包括线描画、水墨画、水粉画、水彩画、版画、油画、蜡笔画、写生画等多种形式。此外，一些更适合幼儿的绘画形式也逐渐被运用到幼儿园的活动中，如自然材料作画、油水分离画、泼画、滴画、拓印画、吸附画等。从绘画内容来讲，包括人物画、物体画、情景画、图案装饰画等。

2. **手工活动**

幼儿园的手工活动包括平面手工和立体手工两类。平面手工活动包括剪纸、拼贴、撕贴、刺绣、扎染等多种创作形式；立体手工活动包括泥工、雕塑、编织、折纸、浮雕、设计搭建等立体塑造活动。

3. **欣赏活动**

欣赏活动包括对名画、工艺品、风景、建筑物以及同伴作品的欣赏。一般包括对艺术作品的认知、欣赏、模仿、评价等活动。对于幼儿来讲，一些深受小孩子喜爱的小物件的收藏，也不失为一种很好的自发性欣赏内容，如贝壳、树叶、商标、明信片、动漫人物画、糖纸等。

需要说明的是，以上美工区的各类活动并不是单一存在的，手工活动中常常含有绘画的内容，欣赏活动更需要绘画、手工等形式的参与，绘画、手工活动中也不能缺少欣赏元素。教师只有根据材料的特性、幼儿的年龄特点、幼儿身心发展的需求合理设计活动内容，才能实现教育目标。

（二）各年龄段关键经验

关键经验	小班	中班	大班
兴趣与习惯	对美工区活动感兴趣，能愉快大胆地绘画，体验活动的快乐；养成用完材料及时收拢的习惯	乐意参加美工区活动，积极尝试独立完成自己选择的活动内容；掌握正确的握笔方法和作画姿势，初步养成工具、材料有序收整的好习惯	喜欢并积极参加美工区的各种活动；能观察分析材料与创作内容之间的关系，有条理地安排自己的创作活动，并能有始有终地完成自己选择的活动内容

续表

关键经验	小班	中班	大班
感受与欣赏	喜欢观看、欣赏具有鲜明色彩和简单造型的生活物品和艺术作品，对美工区新投放的各种形象感兴趣；能初步运用语言、表情等表达自己欣赏后的感受	能够专心地观看自己喜欢的艺术品，关注其色彩、形态等特征，有模仿和参与的愿望；通过欣赏作品，了解作品的主题和基本内容，产生与作品相一致的感受；说出自己喜爱或不喜爱作品的理由，并对作品进行简单的评价	了解作品的表现手法、艺术风格和创作意图，喜欢各种不同风格的美术作品；体验综合运用不同材料、不同形式创作的快乐，喜欢用各种形式的创作表达自己的想法和情感
表现与创造	初步学会自由选用自己喜欢的颜色作画；能用圆形、正方形、长方形和三角形等象征性符号及线条表现自己的想法和情感；能用撕、拼、粘贴、折叠、敲印、组合造型等方法象征性地表现物体大致的特征；能创造各种图式并大胆按自己的意愿进行创作	能较正确地把握形状的基本结构，理解形状符号的象征意义；会选择与物体相似的颜色，按自己的意愿有目的地配色；尝试用图形组合、拼贴、折叠、造型等简单的方法表现物体的基本轮廓和主要特征，从而表达自己的想法和感觉；活动中有自己的意愿和想法，不一味模仿	能初步学会运用线条、形状表现力度、节奏与和谐，用一定的秩序和变化规律进行美术创作；能有目的地安排画面，表现一定的情节；对颜色变化有更强的辨析能力，能使用色彩自由地表现自己的情感和幻想；能综合运用多种媒介塑造和表现较复杂的结构形体，能表现出物体的主要特征和细节，有目的地表达自己的思想和情感；在自己原有经验的基础上进行改变，创造与众不同的艺术形象；在欣赏和评价他人作品时，能讲述自己独特的观点，并能主动解决创作中遇到的问题

二、活动的一般流程

一般来说，美工区活动的流程由六部分组成，即计划和预约活动；认识新材料，了解新内容；选择、准备工具和材料；自主创作；整理材料；展示作品，分享与交流。需要指出的是，并不是每一次活动都包括这几个环节。有时候幼儿不需要预约和计划活动，也可以自由地进入活动区；有时候活动的开展不需要教师介绍新材料；也有时候并不需要教师组织幼儿针对作品进行分享与交流。只有遵循幼儿的需求，适时、适当地组织活动，才能成为最优质的活动。

1. 计划和预约活动

此环节是指幼儿在活动开展前的预备和计划。对于幼儿来讲，这样的预备和计划常常是一种内心的活动，也有许多幼儿会用语言向同伴或老师进行表达，比如"老师，今天我还想去做机器人。""今天我想去玩剪纸，你去吗？"随着幼儿年龄的增长，很多幼儿会养成借助活动区名卡、预约卡在活动前预约活动内容的习惯。

教师在这一环节应关注幼儿的内心活动，尊重和支持其选择意愿和兴趣喜好。一方面，教师可借助活动区名卡、预约卡等形式支持幼儿对活动内容做好计划和安排；另一方面，教师也要根据幼儿的选择意愿帮助幼儿做好必要的材料准备，比如补充颜料盒内的颜料，替换损坏的绘画工具，投放纸张等等。需要强调的是，教师对材料的准备不能包办代替，对于幼儿能自主完成的部分，教师应尽量留给幼儿自己来做。此环节，有助于幼儿良好计划性的培养和形成。

2. 认识新材料，了解新内容

此环节是指进区前幼儿对新材料、新内容的认识。幼儿可以利用一些零碎的时间自由进区，充分运用各种感官感知艺术品的线条、色彩、造型及材料的特征。除幼儿的自主了解外，教师还可以有针对性地开展活动前的新材料推介，比如：当把版画、水墨画等新画种引入活动区时，教师就需要做必要的介绍和方法演示。需要指出的是，教师在介绍新材料、新内容时，应适当把握新材料的"推介程度"，为幼儿留有足够的探究空间，只要幼儿能通过努力自主获得的，教师就不要急于进行示范和展示。

3. 选择、准备工具和材料

这是幼儿进区后首先要完成的一件事，即根据活动内容自主取用活动材料。随着幼儿经验的增长，幼儿对工具材料的选择和准备的水平会不断提高，有的幼儿会一次性取好材料，然后专心创作，有的幼儿需要什么才去取什么。教师应引导幼儿获得有条理地准备材料的经验和习惯，培养幼儿有序做事的能力。

4. 自主创作

自主创作是美工区活动的核心部分，是幼儿在一段较完整的时间内，按照自己的意愿独立或自由组合从事美术活动的过程。这时，区域环境中的信息和材料成为支持幼儿创作的最好的老师。幼儿可以选用不同的工具和材料，用绘画或手工这些外在的形式来表达自己的体验和情感，施展自己的才能，享受创造的快乐，获得精神上的满足。

幼儿自主创作的过程，也是教师观察指导幼儿、实现教育目标的过程。教师可以以游戏伙伴、旁观者、导师等身份介入到幼儿的创作中，适时、适度地发挥作用。

5. 整理材料

材料的整理是指幼儿在区域活动结束或者自己的创作结束时，将所用材料归位放置的过程。整理的过程，不仅有助于幼儿区域活动良好习惯的养成，更有益于培养幼儿良好的生活秩序。教师可以通过设置一些归位标记，帮助幼儿有序地整理材料。

6. 展示作品，分享与交流

此环节是指美工区活动进行了一个段落或即将结束时，幼儿自发地或者在教师的组织下展示、欣赏作品，分享创作经验的过程。这一过程有助于幼儿清楚地了解自己和同伴之间的活动情况，发现问题，总结经验，为下次活动的开展奠定良好的基础。

为了更好地发挥这一环节的教育功能，教师要注重分享与交流环节的组织策略。首先，这一环节大都是在幼儿整理好创作材料后进行，此时幼儿正处在兴趣、注意力都容易分散的阶段，因此，教师要采取有效的策略形成稳定有序的欣赏交流的环境。其次，教师可依据自己有效的观察和记录，唤起幼儿对创作过程的体验和回忆，并借此引发幼幼互动，促使幼儿进行充分的表达、交流，帮助其建构经验，提高兴趣，提升审美感知力。

三、评价的一般要点

对美工区的评价，一般从区域环境的创设、区域中的幼儿、区域中的教师三方面进行。

1. 区域环境的创设

（1）空间布局是否有助于幼儿自主参与活动，环境是否富有艺术气息，空间大小是否适宜。

（2）工具和材料是否丰富多样、整齐有序，能引发幼儿多种多样的美工活动，满足其创作需求，并不断补充和完善。

（3）墙饰展示的作品或范例是否既有创造性和艺术价值，又有示范带动功能。

2. **区域中的幼儿**

（1）是否有兴趣参与各种美工活动，并专注、有热情。

（2）是否能自主选取材料，有计划并自始至终完成作品。

（3）在遇到问题和困难时，是否有解决的意识和行动，不轻易放弃。

（4）能否在作品中创造性地表达自己的意图和想法。

（5）是否有良好的区域活动常规，有序选择和收拾整理材料，不妨碍、不打扰同伴的创作，遇到冲突能处理。

3. **区域中的教师**

（1）能否细致观察幼儿创作时的语言、表情、动作等，并乐于倾听幼儿对其作品的解释，了解其艺术表现的想法和感受。

（2）能否在充分观察的基础上进行指导，不轻易提供范画，不要求幼儿按统一的标准创作。

（3）能否运用专业的眼光解读和科学地评价幼儿的作品，而不是简单地用"像不像"、"好不好"等标准来评价。

（4）能否根据幼儿的表现及时调整材料及指导策略，进行有效的反思。

附：评价表

美工区评价表

幼儿园：_____ 班级：_____ 时间：_____

一级评价指标	二级评价指标		标准分	得分
区域环境的创设 30分	空间布局 10分	美工区环境是否尊重幼儿的意愿，注重幼儿的参与，传达出更多的环境与幼儿互动的信息	2	
		展示架、作品墙等能否合理地呈现供幼儿欣赏的艺术素材，适宜幼儿自主操作，满足幼儿展示作品、欣赏作品的需求	2	
		是否有足够的供幼儿进行创作的空间，是否有足够的供幼儿展示和储藏作品的空间	2	
		整体环境是否温馨、艺术，符合幼儿的审美需求	2	
		环境布置是否自由、开放，能满足幼儿自主活动的需求	2	
	材料投放 20分	材料是否丰富多样	3	
		材料投放是否适切、有效	4	
		材料是否安全、卫生、易操作	3	
		材料投放是否有层次性，能满足不同水平幼儿的需要	4	
		材料的提供是否有变化，能适时调整和补充材料	3	
		材料的提供是否符合幼儿的年龄特点，难易适中	3	

续表

一级评价指标	二级评价指标		标准分	得分
区域中的幼儿 40分	兴趣与参与 10分	能否很快选中自己的活动,有向往创作的情绪表现	4	
		是否专注于自己的创作,不观望,能持续	3	
		是否连续进入美术区,对自己上次未完成的作品保持创作的热情	3	
	自主与计划 10分	是否带有一定的目的性进行创作	2	
		是否主动寻找相关材料及辅助材料	2	
		是否不依赖老师或同伴的帮助或提示,不一味地模仿同伴的创作	2	
		能否自始至终完成创作	2	
		遇到问题和困难,是否有解决的意识和行动,不轻易放弃	2	
	表达与创造 10分	作品能否表达自己的意图和想法,能否用语言解释自己的作品	3	
		能否创作出和别人不一样的作品,能否别出心裁地构思并利用材料进行造型	4	
		能否表达对他人作品独特的见解	3	
	习惯与规则 10分	能否保持工具材料的固定位置,用时取出,用后放回	3	
		能否不妨碍、不打扰同伴的创作,遇到冲突能否自己处理	3	
		是否愿意改正自己违反规则的地方	2	
		能否有顺序、有步骤地完成作品	2	

续表

一级评价指标	二级评价指标		标准分	得分
区域中的教师 30分	对幼儿的观察 8分	能否关注幼儿创作过程中的语言、表情、动作等，以了解幼儿的心理活动	4	
		能否倾听幼儿对其作品的解释，了解其艺术表现的想法和感受	4	
	对幼儿的指导 10分	指导能否在充分观察、充分了解幼儿的基础上进行，不随意指导	2	
		能否尊重幼儿对作品的感受，鼓励幼儿大胆表达自己的想法	2	
		是否不直接提供范画，不要求幼儿按统一的标准创作	2	
		是否引导幼儿用自己喜欢的方式创作，接受幼儿自发的活动，不将预设内容强加给幼儿	2	
		能否采用合适的方法启发、帮助幼儿思考，能否对不同水平的幼儿给予不同层次的指导	2	
	对幼儿的评价 6分	是否重视过程胜于结果，是否不简单地用"像不像"、"好不好"等成人标准来评价	3	
		是否肯定幼儿作品的优点，是否引导幼儿用表达自己感受的方式获得提高	3	
	反思与调整 6分	能否根据幼儿的表现及时调整不适宜的材料及内容	3	
		能否谨慎地根据评价结果调整以往教育中存在的不恰当之处	3	
总分				

评价者：_____

四、问题与对策

1. 教师已经在美工区投放了非常丰富的材料，但幼儿进区时依然不能顺利地投入活动，怎么办？

的确，有的美工区活动材料琳琅满目，活动空间几乎占据了活动室的四分之一，乍看上去美工区域活动开展得红红火火，实际上却存在走形式、摆样子以及材料投放盲目和随意的问题。繁杂多样的材料堆砌在美工区，致使幼儿进区时得不到有效的可供选择活动、开展活动的信息，这样的美工区仅仅具有一个空洞的外壳，缺少教育意义和价值。

要解决这一问题，首先要让材料、环境"说话"。教师可根据主题课程、艺术领域目标等有目的地设计具体的活动内容，设计与该内容相关的步骤图以及作品欣赏与创作环境，投放与这一内容相关的活动工具和材料，如画笔、纸张、颜料及辅助材料等，让环境和材料向幼儿说明："这样做很有趣，你可以这样做。"这样，幼儿进区时就会被环境和材料所吸引，产生创作的兴趣和欲望，并能在环境的指引下完成创作，美工区自然就"活"起来了。一般每次活动时，教师准备2～3个具体的活动内容，就能满足5～7人美工区活动的需求。其次，删繁就简。将那些多余的、无效的材料暂时收放在准备区，让幼儿根据需要自主取用或待材料变换时做调整之用。

2. 在美工区如何开展赏析活动呢？

教师常常以为，欣赏活动应该在集体教学活动中完成，因此，美工区活动以手工和绘画为基本内容，缺少和忽视了欣赏、审美等内容。

在区域活动中，让幼儿浸润在美的氛围中，是完全能够做到的。首先，教师可以在美工区投放各类艺术品、艺术品的照片、不同风格的图画书、海报、儿童熟悉的艺术家的传记，甚至各类美术书籍，让幼儿浸润其中，不断吸收艺术的营养。其次，教师可以创造条件让幼儿与艺术品有效互动。比如，教师可以将名画作品张贴在墙面上，让幼儿把自己创作的形象"藏"在名画中或"添加"到名画中。幼儿要想藏得好，就要把自己创作的作品的颜色和名画中的颜色融为一体；要想添加得有趣，就要考虑合适的添加位置以及名画的意境。由此，幼儿自然获得了有关颜色、构图等的经验与感受，也以自己的方式理解了名作的意境。最后，幼儿欣赏自己的作品也是开展赏析活动的很好的形式。除了在作品墙上艺术地呈现幼儿的作品之外，教师还可以设计一些小游戏来促进幼儿对这些作品的观察和欣赏。比如：教师可以把张贴在美工区的幼儿作品拍成照片制成小图，让幼儿在"作品地图"上摆放对应的小图。

总之，只要教师心中装着"审美"这一教育目标，美工区"美"的元素将无处不在，它完全可以成为幼儿自主赏美、知美、懂美的摇篮。

3. 区域活动时间不充裕，不等幼儿完成创作任务时间就到了，这样的问题该怎么处理？

当幼儿的创作不能完成时，教师如果强行中断操作，可能会影响幼儿的情绪或者打乱幼儿原有的创作思路。面对这样的问题，教师需要灵活处理。一般情况下，教师应控制美工区创作内容的复杂程度和难易程度，比如：提供已拓印好底色的纸张等，支持幼儿在区域活动时间内完成创作。另一方面，遇到内容复杂的创作，如果幼儿确实不能按时完成，教师可提前提醒幼儿，请

幼儿自己来决定当天完成哪部分内容，活动结束时，教师应提示幼儿妥善保管作品，并在下一次活动时提醒他去完成创作。

4. 怎样避免美工区活动材料投放的盲目性？

教师常常被"新"所吸引，看到新材料、新内容，就会冲动地搬进自己班级的区域内，这样的盲目行为往往导致活动内容与教育目标之间的不一致。解决这样的问题，首先，教师一定要在材料投放之前进行三思：孩子会喜欢吗？这样的材料和内容可以达成什么样的教育目标？这样的材料和内容是否适合自己班的孩子？如果得到否定的回答，教师就应当考虑将材料改进以后再投入或者不投入。其次，让实践检验材料。在教师靠经验和思考不能取舍材料时，实践就成为衡量的标尺。教师可以观察幼儿操作新材料、新内容的表现，结合幼儿的年龄特点和发展水平，直观地判断是否保留这一材料和内容。

5. 教师怎样把握不同年龄段美工区活动的难易程度？

区域活动中，教师常常因为对活动内容的难度估计不足、判断不准，造成活动太难或太易。比如：操作步骤太多，单一任务过度重复，材料使用过难，合作难度过大等等。出现这样的问题，源于教师对幼儿的能力估计不足，对材料分析不足，对教育目标和教育要求没有做细致的考虑。

要解决这样的问题，教师应当从这样几个方面着手：

首先，对活动难度进行评估，适当考虑如何降低难度或增加难度。比如，小班的玩色活动常常需要幼儿大面积涂色，但大量的重复动作又会导致小班幼儿失去兴趣，这时，教师就可以调整涂色办法，或用棉签、毛笔刷色，或改为拓色、印色等，既增加了幼儿对不同绘画工具的了解，又使玩色活动生动有趣。再如，在大班线描活动"蜘蛛网"中，幼儿需用细细的银笔持续画出长长的蜘蛛丝，这对大班幼儿的小肌肉协调能力是一个不小的挑战，此时，把画纸变小就是降低难度的一个好方法。

其次，对于步骤繁杂的操作，可将步骤图贴于区域墙面，供幼儿随时参考。

最后，将一个创作分解成几部分完成以降低难度。比如，在"奇妙的刮画"活动中，可以将制作刮画纸作为一次活动内容，将刮画创作放在下一次活动中开展。

此外，更换不适宜的材料也能有效地降低幼儿创作的难度。比如，更换不好用的剪刀，将不好剪的布料换成无纺布等等。

6. 有些教师简单地把美工区当作分组教学的场所，应怎样调整？

区域活动时间，有的教师常常让一部分幼儿进入建构区、表演区、益智区等区域自由活动，另一部分幼儿则在美工区接受教师的集中授课，完成美术教学活动中没有完成的工作。把集体教学活动中拓展和延伸的内容放在区域活动中继续，这没问题，但如果把美工区活动简单地当作小组美术教学活动，显然是错误的，因为它剥夺了幼儿自主选择的权利，违背了区域活动的基本原则，大大降低了美工区活动的乐趣。

要解决这个问题，教师首先要明确区域活动与集体教学的关系和不同的功能。集体教学活动有既定的教学目标，是教师预设的高控制的活动，有助于高效地解决大部分幼儿面临的共同问题，丰富所有幼儿的学习经验；而区域活动更容易满足不同幼儿的不同需求，有助于幼儿富有个性地自主发展。

同时，教师还要明确美术活动在整个教育活动中不是以学科的形式孤立存在的，美工区活动也并不是美术集体教学活动的唯一对应。科学活动、语言活动等都可以与美工区形成互动，进行

相互拓展和延伸。比如：幼儿可以在美工区画出语言教学活动中的故事和诗歌，美工区同样也可以生成科学活动、语言活动等。比如：在"秋天"的主题活动中，教师不急于开展关于树叶的集体教学活动，而是将幼儿搜集来的各种纹理、各种形状的树叶投放到美工区，开展"我给树叶拍照"的活动，引导幼儿探索"沿树叶勾勒轮廓"、"在树叶上蒙纸拓印纹理"、"在树叶上涂色后盖压印痕"等不同的"照相"方法，让幼儿在创作中对树叶进行探索，进而产生疑问："为什么有的树叶叶脉凸出来，有的叶脉却藏起来呢？""为什么树叶会有那么多的样子？""叶子离开大树就死了吗？"……梳理这些问题时，教师就可以顺势开展相关的教育活动，如科学活动"常绿树与落叶树"、音乐活动"小树叶"等。这样的美工区活动打破了美术活动的学科界限，以"整合"的课程观将区域活动和教学活动自然地衔接起来，充分彰显了艺术活动的价值。

更重要的是，教师应牢记美工区活动突出的特点是幼儿自由、自主地创作，"尊重幼儿的意愿"应成为区域活动指导的核心原则。当幼儿不去玩教师精心准备的活动，而是自顾自地画他们喜欢的"打仗的故事"、"美丽的小公主"时，当幼儿想为妈妈制作一张生日贺卡时，当幼儿独自躲在角落里画自己不开心的经历时，作为教师更应该顺应幼儿，从态度上给予肯定和接纳，从材料上提供支持，从行为上给予有效的引导，满足幼儿自由、自主地进行表达和创作的需要。

7. 美工区活动中，教师如何把握尊重幼儿自主创作与适当指导的关系？

在美工区活动中，教师的指导常常出现两个误区：其一，紧盯幼儿的创作，寸步不离，高度控制幼儿的创作行为，片面追求作品效果，期待幼儿画出老师心中想要的作品。这样产生的作品是成人指挥下的"鹦鹉学舌"，不能表达孩子内心真实的想法，这一行为是不可取的。其二，对美工区活动放手不管，听之任之，追求所谓的"自由创作"，造成美工区活动毫无价值。

在美工区活动中，教师既要给幼儿充分的自主创作、自由探索的空间，又要恰如其分地进行指导。教师应从这样两方面做起：

（1）进行认真的观察。观察是教师指导幼儿创作的前提，教师要细致观察、了解幼儿的发展现状及活动中存在的问题，正确判断指导时机。比如：在小班手工活动"妈妈的长头发"中，一名幼儿想给妈妈做卷发，他在尝试将纸条弄弯，只见他一会儿用折叠的办法，一会儿又拿在手中团来团去，教师观察后判断，这样的探索对该幼儿来讲非常有价值，就没有给予指导、帮助。再如：在大班美工区"手帕扎染"活动中，一名男孩反复扎手帕，但因绕绳后不能扎紧、打结，试了两次，扎染都失败了，他正想放弃这个活动，教师走过去问："有什么困难吗？"该幼儿在教师的帮助下重新投入活动。在这个活动中，教师很好地把握住了指导的时机。

（2）灵活地把握介入指导的不同身份。在介绍新画种、新材料时，教师常常需要以导师的身份直接演示。如果幼儿遇到困难，一时找不到解决的途径，教师可以以旁观者的身份，用简短的语言予以提示。比如：几个幼儿正在合作用塑料泡沫搭建机器人，试了几次都找不到连接身体各个部位的办法，此时，教师可以出示牙签或者透明胶带示意幼儿："看看它们能不能帮忙？"更多的情况下，教师应以游戏伙伴的身份参与其中。比如：当看到幼儿的玩泥活动过于单调、无意义时，教师可以把自己当成"小朋友"，用自己的行为去感染幼儿，起到暗示指导的作用。这种方法不仅能让幼儿间接掌握玩泥的要领，同时也顾及了幼儿的感受。

恰当的指导技巧并不是一蹴而就的，它需要教师长期的经验积累和细心的体会揣摩，需要教师结合指导的效果反思自己的行为，及时纠正改进，不断提升指导的艺术。

8.如何突破分享与交流环节模式化的问题？

在美工区的分享与交流环节，教师屡屡问到这样的问题："你画了什么？""说说你是怎么做的？""你喜欢他的作品吗？为什么？"教师在一段时间里如果以同样的方式和同样的问题展开分享、交流，很容易让幼儿形成定式思维，失去欣赏、交流的兴趣。教师怎样组织好分享与交流环节呢？

（1）有效地观察是做好分享与交流的前提。教师可以先对幼儿的活动兴趣、专注程度、自主性、情绪情感、合作水平、认知发展、规则意识、创造力等方面进行有针对性的观察，然后用拍照片的方式记录幼儿创作的经典镜头，在分享与交流环节呈现；也可以简单记录幼儿的活动，作为评价的要点。

（2）结合目标进行分享与交流。教师在活动前应"吃"透目标，着眼于目标的分享与交流才是最有价值的。比如：喜欢和欣赏多种多样的艺术形式和作品是幼儿园美术活动的目标之一。根据这一目标，在区域的剪纸活动中，教师可以将马蒂斯的剪纸作品、中国传统的剪纸作品等拿来与孩子一起分享、交流，这样分享与交流就成为了有价值的环节。

（3）分享与交流的核心是保护与激发幼儿对美工区的兴趣，调动他们的积极性，因此教师应多用鼓励的方法，发现和充分肯定他们的优点，看到他们的进步，使幼儿对自己的才能产生自信。

9. 在美工区，如何在不呈现范例的情况下推动活动开展？

《3—6岁儿童学习与发展指南》中艺术领域的教育建议指出："幼儿绘画时，不宜提供范画，特别不应要求幼儿完全按照范画来画。"那么如何在美工区活动中向幼儿传递完成创作所要达到的目标呢？如何在不呈现范例的情况下推动活动的开展呢？

（1）创造条件让幼儿接触更多的艺术作品。比如，在"了不起的内画"区域活动中，教师可以摆放相应的内画壶以及艺术大师创作时的场景图片，让幼儿在欣赏的同时产生创作、探索的欲望。

（2）尽可能在美工区投放可供幼儿写生的材料。比如：秋天里，将一盆菊花摆放在美工区，就可以引发幼儿开展多种创作菊花的活动，如用纸杯制作菊花、用彩泥制作菊花、绘画菊花、撕贴菊花等。

（3）在美工区投放实物照片也能很好地引发幼儿创作的兴趣。比如：在"快乐的房子"区域活动中，教师就可以投放幼儿熟悉的楼房照片，唤醒幼儿的生活经验，更好地促进幼儿创作。

10. 教师应如何评价幼儿的美工作品？

（1）重视创作过程胜于创作结果。《3—6岁儿童学习与发展指南》指出，不能为追求结果的完美而对幼儿进行千篇一律的训练，以免扼杀其想象与创造的萌芽。创作过程中，当孩子毫无拘束地把自己的思想和意愿表现得淋漓尽致时，他们参与活动的积极性也达到了最佳状态。比如：一个男孩子在绘画打仗的场景时，不仅用手画，嘴里还会发出"哒……轰……轰"的声音，有时甚至会激动地站起来，最后当他的绘画结果反映在纸面上时，可能缺少构图上的美感，缺少绘画的技巧，但从创作过程来讲，却是孩子全身心投入的"佳作"。

(2) 以正面评价为主，平等全面地评价幼儿的美术作品。在评价幼儿的美术作品时，教师要找出幼儿成功的地方加以鼓励，对其不足用建议的方式、商量的口吻提出改进意见。这样，幼儿会在成人的鼓励声中对自己产生信心，以积极的态度去改正存在的问题。同时，教师也应本着平等、尊重的原则对待每个幼儿独特的表现方式，不因其没有达到教师的预期或者没有按照教师的要求去做而进行否定性评价。

(3) 不用"像不像"、"好不好"来评价幼儿的作品。孩子和成人在看待事物的时候，角度不同，理解也不同，表现出来的事物也会不同。因此，教师不应该以固有的观点去评价幼儿的作品，而应该多引导幼儿大胆地表现自己心中的想法。比如，一个小班幼儿在画"我自己"时，在头部画了四个圆，乍一看非常像四只眼睛，教师谨慎地询问："这个小朋友是长了很多眼睛吗？"幼儿指着上面的两个圆说："这是眼睛。"然后，他又指了指下面的两个圆说："这是我的大鼻子。"在这里，幼儿因为小手肌肉还不够协调，画的鼻孔比较大，致使画面看起来不合乎常理，但对幼儿来说，这些都是正确的。

11. 美工区能实现幼儿间的合作创作吗？

美工区的合作创作，一般是指幼儿围绕一个共同的创作目标，相互商量，共同克服困难，用团队的力量完成创作的过程。合作，需要幼儿具备一定的沟通、交流、服从的意识和能力，这对于以自我中心意识为主的幼儿来讲，难度是比较高的，因此，这样的合作活动大都放在大班进行。教师可以有意识地在美工区投放一些需要合作拼贴、雕塑的材料，或者张贴一些小朋友合作搭建物体的画面，给幼儿一些提示和暗示。参与合作的人数也不宜过多，一般以2～3人为宜。比如几个幼儿一起用废旧的塑料泡沫合作创作机器人,他们共同商议哪块材料可以用来做机器人的头,哪块材料可以用来做腿,用什么样的办法连接机器人身体的各个部位等。合作的组员中,有的孩子具有号召力,有的愿意听从他人的意见。共同的问题、适当的分工、良好的组合构成了合作平台,使合作创作自然得以成功实现。

时下,在幼儿美术作品中常常出现大型的"合作画",细细观察,只不过是教师组织众多幼儿在一个创作面上"各自为政"的结果,这样的合作不是真正的合作,这样的作品也不能称之为合作画。绘画活动,是幼儿通过色彩、线条、形象等表达"自己的声音",是他们内心的独白,如果加入了他人的思想,就失去了意义和价值。所以,常规的绘画活动一般不适宜开展合作创作。

五、活动案例

小班

1. 有趣的浆糊画

【活动目标】

尝试用彩色浆糊进行对印;能够根据印迹进行想象并添画,感受玩色带来的快乐。

【活动准备】

各色浆糊(由水粉颜料和浆糊混合而成)、8开水粉纸、小勺、棉签、水粉颜料、抹布等。

【操作要点】

(1)将彩色浆糊用小勺舀到画纸的任意地方,将纸对折,用手掌轻轻按压。

(2) 把纸打开，欣赏画纸上出现的色块。可根据自己的喜好再次添加彩色浆糊，让色块变大或变多，反复多次，自然形成颜色交织的印痕（见图25）。

(3) 观察画面上色块的形状，说一说像什么。能力强的幼儿可借助色块添画形象，丰富画面。

图25

【观察要点】

(1) 观察幼儿玩色过程中的情绪是否愉快，参与活动的过程中是否主动、积极、大胆。

(2) 关注幼儿选择颜料的喜好和倾向，了解小班幼儿对颜色的感知特点。

(3) 观察幼儿能否发现对印的特点，能否创造性地进行对印。

(4) 观察幼儿在对印后能否运用自己的生活经验对色块进行大胆的想象，以及在添画过程中所显现出来的想象力和表现力。

【指导建议】

（1）启发幼儿不拘泥于对折纸张的对印方法，尝试和发现更多的对印办法以及让色块变大、变多的办法。

（2）根据幼儿的经验，提供不同层次的材料。比如：初次活动的时候，可选择比较大的纸张对折后再打开，让幼儿尝试对印。在幼儿学会对印方法后，可提供没有对折痕迹的纸张，让幼儿学习根据颜料的位置随意对折印画；也可提供不能折弯的材料，如光盘，让幼儿克服困难实现对印。经验丰富的幼儿可以在各种轮廓造型（如裙子、上衣）的纸上，进行有目的的创作。

（3）指导重在激发幼儿用浆糊作画的兴趣，帮助幼儿体验玩颜色的乐趣。

（山东省淄博市市直机关第一幼儿园 孙娜）

2. 颜色宝宝变魔术

【活动目标】

尝试倒色印画，感受玩色的乐趣；对形成的色块进行想象添画，体验想象创造的成功。

【活动准备】

鲜艳的水粉颜料、正方形或圆形的铅画纸、棉签。

【操作要点】

（1）将调好的几种水粉颜料倒在塑料桌布上，把铅画纸放在颜料上面，轻轻地按一会儿，然后轻轻地拿起画纸，让有颜料的一面朝上。

（2）在等待颜料晾干的时候，对色块形状进行"像什么"的观察想象，然后用棉签添画，丰富画面（见图26）。

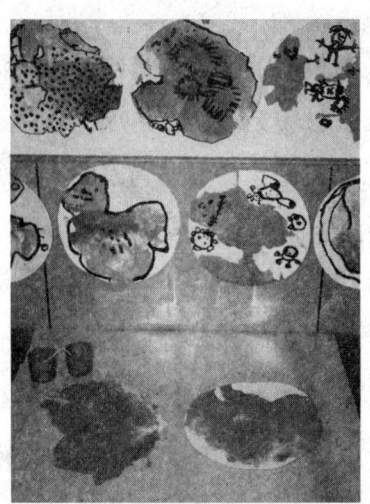

图26

【观察要点】

(1) 观察幼儿在尝试倒颜料时,能否大胆操作,能否主动调整颜料的多少。

(2) 观察幼儿能否发现两种颜色相融时的变色现象。

(3) 观察幼儿在根据色块进行想象时的表现,了解幼儿内心的想法。

【指导建议】

(1) 本活动包含了两部分,玩色部分和色块想象部分。教师应注意观察幼儿对两部分的兴趣及创作意图,初次玩或者能力稍弱的幼儿可以只完成玩色部分,已有创作经验或者能力强的幼儿可进一步进行想象创作,教师没有必要按同一标准统一要求。

(2) 指导幼儿观察想象时,要注意启发方式,可以让幼儿变换角度进行观察。动物形象对幼儿来说比较容易添画,可适当提示幼儿。

(山东省淄博市市直机关第一幼儿园 张彤)

3. 玩捉迷藏的变色龙

【活动目标】

尝试探索版画的创作方法，感受其神奇；了解变色龙的特性，能根据颜色寻找相应的背景。

【活动准备】

已经刻好变色龙图案的大小不同的KT板，并将黑色或白色画纸用胶带固定在KT板上，制成简单的版画模具；剪刀，多种水粉颜料，水粉笔，有关变色龙的图书。

【操作要点】

（1）用水粉笔在准备好的KT板上均匀地涂上一种或几种水粉颜料，然后将纸轻轻地按压在KT板上并左右抚平。

（2）揭开画纸，晾干后剪下变色龙的形象。

（3）根据变色龙身体的颜色进行判断，然后将变色龙放置于活动室内适宜的背景上。

【观察要点】

（1）观察幼儿能否掌握基本的操作方法，能否创造性地使用颜色尝试套色版画的创作。

（2）在发生形象不完整、颜色不均匀、版画纸错位等情况时，观察幼儿怎样想办法调整，以引导幼儿发现更好的版画创作办法。

（3）观察幼儿能否根据变色龙身体的颜色进行正确的判断，找出适宜的背景。

【指导建议】

（1）观察幼儿在版画制作时发生的各种意外情况，给幼儿留有足够的自我探索空间，不急于教授正确的方法。介入指导要以启发性语言为主，比如："想一想，变色龙怎样才能把颜色变得更深一些呢？""变色龙的身上只有一种颜色吗？"

（2）根据幼儿的不同经验提供相应的材料。比如：幼儿初次活动的时候，可以用毛笔在KT板上刷单一的颜色，感受印画的乐趣。有一定经验的幼儿则可以用多种颜色印制。

（3）指导幼儿先想好变色龙要藏到哪里，然后有目的地选择颜色进行创作，培养幼儿按意愿、有步骤创作的好习惯。同时，教师要注意创设有趣的游戏情境，让幼儿对美工区活动保持兴趣。

（山东省淄博市市直机关第一幼儿园　吴珊）

4. 这是谁的影子

【活动目标】

尝试用牙刷蘸颜色摩擦梳齿进行喷画的方法；能根据形状借形想象，添画成各种小动物。

【活动准备】

白色铅画纸，鲜艳的水粉颜料，棉签，不同形状的塑料模板，梳子和牙刷若干。

【操作要点】

（1）把不同形状的塑料模板随意地放在大张白纸上，用牙刷蘸水粉颜料在白纸上方摩擦梳子，使颜料均匀地喷洒在白纸上（见图27）。

（2）取走模板，纸上出现白色色块，用棉棒蘸取颜料沿边勾勒出轮廓。

（3）根据想象，添画表现出各种小动物的形象。

图27

【观察要点】

（1）观察幼儿在用牙刷和梳子进行喷色时的方法是否恰当。

（2）观察幼儿在对色块进行借形想象时的思维状态是否积极，尤其是当能力较弱的幼儿参与活动时，教师应多关注。

（3）观察幼儿在添画时本真选色的特点以及线条勾勒是否大胆。

【指导建议】

（1）引导幼儿在喷画的过程中探索发现如何喷得均匀，如何不把颜料喷到外面的方法。

（2）指导幼儿对"影子"进行观察想象时，要尽可能理解幼儿的想法并跟进点拨，不要把教师的想法强加给幼儿，重点关注能力弱的孩子。

（3）创作结束后，要鼓励幼儿大胆表述画面内容与同伴分享。

（4）把握材料投放的层次，可通过调整纸张和模板等形式增加难度，提升幼儿对活动的兴趣，进一步开拓幼儿的想象思维。

（山东省淄博市市直机关第一幼儿园　刘媛媛）

5. 跟波洛克爷爷玩抽象

【活动目标】

了解波洛克大师多样的创作方式，尝试模仿创作，体验玩色的乐趣。

【活动准备】

（1）前期经验：组织幼儿欣赏波洛克的作品，了解波洛克的多种创作方式。

（2）材料提供：不同大小、颜色的纸张，各种水粉颜料，勺子、纸杯、抹布、棉签、水粉笔等。

【操作要点】

幼儿选择自己喜欢的工具，运用倒、泼、滴、点、抹等方法将水粉颜料涂抹到画纸上，感受自由涂抹的多种创作方式带来的乐趣（见图28）。

图28

【观察要点】

（1）观察幼儿选择什么样的工具进行玩色，对哪种工具最感兴趣。根据幼儿的使用情况判断创作工具是否符合幼儿的动作特点和能力水平。

（2）观察幼儿在自由涂抹过程中的情绪表现，是否积极愉快，是否专注。

【指导建议】

（1）根据幼儿的经验，引导幼儿选用适宜的工具及表现方式。比如：对于初次选择此活动的幼儿，建议选用棉签或水粉笔进行涂鸦。对于有一定经验的幼儿，可引导其选择用勺子舀、滴，用抹布拓、抹、甩，用纸杯泼，用鞋刷涂抹等方法。教师可根据幼儿的能力提供更多的工具。

（2）不追求作品效果，重点观察幼儿利用多种工具创造性玩色的方法，让幼儿在创造中体验玩色的快乐。

（3）给幼儿提供足够的创作空间，以免相互打扰影响创作。

（4）此活动开展一段时间后，在分享与交流的环节，教师可指导幼儿欣赏波洛克作品的美，了解国外的艺术文化，进一步启发幼儿大胆玩色、敢于创新的意识。

(山东省淄博市市直机关第一幼儿园　张艳萍)

6. 了不起的蛋糕师

【活动目标】

尝试用海绵制作蛋糕并用各种颜色装饰蛋糕，享受创意制作的乐趣。

【活动准备】

足量的废旧海绵、用塑料袋装入各种颜料做成的裱花袋、小勺、剪刀、玩具水果等。

【操作要点】

（1）幼儿作为蛋糕房的制作大师，自由选择海绵，通过简单的剪切做成蛋糕。

（2）用小塑料袋将彩色水粉颜料挤到蛋糕的表面进行装饰，制作出生日蛋糕（见图29）。

图29

【观察要点】

（1）观察幼儿能否根据意愿创造性地选择、使用材料，设计自己喜欢的蛋糕。

（2）观察幼儿在用颜料装饰蛋糕时，能否实现颜料与各种口味的对应，比如红色圆点代表樱桃，黄色圆片代表柠檬等。

【指导建议】

（1）创设蛋糕房的情境和氛围，激发幼儿的制作兴趣。

（2）引导幼儿创造性地使用材料，制作出不一样的蛋糕。

（3）鼓励幼儿大胆讲述自己制作的蛋糕所表达的美好愿望。

（山东省淄博市市直机关第一幼儿园　姜晓）

中班

7. 小卫的魔术

【活动目标】

感受绘本中色块组合的形象,体会作品的艺术美;运用色块拼贴成各种动物的形象,在拼贴中体验创作的快乐。

【活动准备】

(1) 前期经验:幼儿欣赏过《佩泽提诺》的绘本,了解绘本中小动物的特点。

(2) 环境创设:在区域墙面上张贴大块头、飞毛腿的图片。

(3) 材料提供:彩色KT板方块、酒精胶、棉签、毛笔、水粉、剪刀、8开正方形纸。

【操作要点】

(1) 取彩色KT板方块在画纸上自由拼摆动物,感受拼摆的快乐。

(2) 用酒精胶将拼摆好的动物粘贴在KT板上。

(3) 用棉签或者毛笔蘸水粉添加相关想象(见图30)。

图30

【观察要点】

(1) 观察幼儿能否大胆地运用 KT 板小方块拼摆各种动物的形象。重点关注幼儿的创作设想和最终的创作结果是否一致，观察幼儿拼贴过程中的创造性思维。

(2) 观察幼儿能否按照自己的意愿进行相关添画。

【指导建议】

(1) 注意分层次指导。针对计划性强的幼儿，可指导其围绕创作设想完成创作。有些幼儿在创作过程中可能会改变原来的设想，教师应注意尊重他们的意愿并支持其完成创作。

(2) 注意观察幼儿的创作相比绘本图书中的形象有无创新之处，并及时给予鼓励。

(3) 尊重幼儿不一样的创作方法，有的幼儿喜欢摆好后再粘贴，有的幼儿喜欢边摆边粘贴。

(山东省淄博市市直机关第一幼儿园　李东芳)

8. 艾玛捉迷藏

【活动目标】

能根据大象身上的颜色思考躲藏办法，添画背景，体验游戏作画的快乐。

【活动准备】

(1) 前期经验：幼儿看过花格子艾玛的相关绘本，知道艾玛的特点。

(2) 材料提供：幼儿前期在区域中制作的各种颜色的花格子大象，水粉纸，油画棒。

【操作要点】

(1) 选择喜欢的大象，根据大象的动态及大小将其粘贴到空白的纸上。

(2) 根据大象身上的颜色添画相应的背景，帮助它藏起来（见图31）。

图31

【观察要点】

(1) 观察幼儿能否根据大象身上的颜色思考躲藏办法，并添画相关背景。

(2) 观察并了解幼儿所画背景的意义。

【指导建议】

(1) 在添画背景时，引导幼儿发现添画背景时的秘密：两种颜色要有一定间隔或交替呈现，才更接近大象身上的色彩。

(2) 鼓励幼儿大胆想象和创造，引导幼儿回忆生活中的场景并迁移到画面中来。

(3) 鼓励幼儿大胆表述添画背景的意义，不仅仅以背景好看与否来评价幼儿的创作。

(山东省淄博市市直机关第一幼儿园　张彩霞)

9. 跟马蒂斯爷爷学剪纸

【活动目标】

感受马蒂斯剪纸作品简洁、夸张的造型艺术风格,尝试用简洁、夸张的剪影方式表现海底世界。

【活动准备】

(1) 前期经验:在主题活动中,幼儿欣赏过海底世界的图片和视频,对海底世界有一定的经验积累。

(2) 材料提供:供幼儿欣赏的马蒂斯剪纸作品,不同形状且色彩艳丽的彩纸,剪刀、白胶等。

【操作要点】

(1) 用彩纸粘贴出五光十色的海底。

(2) 选择自己喜欢的彩纸,运用剪影的方式剪贴海底生物(见图32)。

(3) 按照自己的意愿将作品进行粘贴,组成海底世界。

图32

【观察要点】

(1) 观察幼儿关于彩纸及底纸的选择与使用情况,了解幼儿选择的真实意图。

(2) 观察幼儿能否大胆地运用剪刀表现海底生物。

【指导建议】

(1) 根据幼儿的经验,引导幼儿选用色彩对比明显的彩纸进行创作。

(2) 引导幼儿尝试不同的剪纸方法,如对折剪、旋转剪等。当幼儿遇到剪纸的难题时,比如如何剪出眼睛等问题,要鼓励其积极想办法解决,不宜直接传授。

(3) 尊重幼儿剪纸的特点,重在激发幼儿敢于挑战剪纸这种创作方式,帮助幼儿体验成功的快乐。

(山东省淄博市市直机关第一幼儿园　胡海宁)

10. 彩瓶造型

【活动目标】

大胆尝试在瓶子上塑造简单的形象,体验创造的快乐。

【活动准备】

已涂过色的各种瓶子,各色太空泥、彩绳、皱纹纸片,各色大小不同的扣子,玉米、花生等颗粒较大的种子,供幼儿欣赏的各种艺术造型的瓶子图片。

【操作要点】

选择自己喜欢的材料,在瓶子上按照自己的意愿创作简单的形象(见图33)。

图 33

【观察要点】

观察幼儿利用材料在瓶子上创作的过程,了解幼儿的创作意图。

【指导建议】

(1) 有层次地投放材料:先期可先投放简单易操作的太空泥,随着幼儿经验的增加,可投放绳、扣子、种子等多种材料,增加创作难度,提高幼儿参与创作的兴趣。

(2) 分层次指导:针对能力较强的幼儿,可引导其借助瓶子的造型创造形象;针对能力弱的幼儿,引导其在瓶身创造自己喜欢的形象。

(3) 关注幼儿的创作兴趣以及创作过程中的专注力和情绪表现,鼓励幼儿借助自己创作的彩瓶表达对"美"的理解。

(山东省淄博市市直机关第一幼儿园 高沈君)

11. 挖山洞

【活动目标】

尝试用刮画笔刮画工人叔叔挖山洞的场景,体验刮画的乐趣。

【活动准备】

(1) 前期经验:幼儿在主题活动中充分了解建筑工人的辛苦,对其产生尊敬和爱戴的感情。

(2) 环境创设:在墙面上张贴各种机械车的图片,包括挖土机、推土机、大吊车等。

(3) 材料提供:刮画纸、刮画笔。

【操作要点】

用刮画笔当挖掘工具,在两条线中间按照自己的意愿绘画工人叔叔正在挖山洞的场景(见图34)。

图34

【观察要点】

(1) 观察幼儿能否正确、巧妙地使用刮画笔。

(2) 观察幼儿能否刮画出不同形态的挖山洞的人和正在挖山洞的施工车等。

(3) 观察幼儿能否借助画面表达对工人叔叔的钦佩之情。

【指导建议】

(1) 引导幼儿在反复尝试中画出不同动态的人物形象，根据经验刮画出挖土机、大吊车的形象。

(2) 启发幼儿刮画大的色块时，可以用刮画笔较宽的一头。

(3) 倾听幼儿创作时的表达，引导幼儿大胆讲述自己创作的工人叔叔挖山洞的情节，表达对工人叔叔的感激之情。

(4) 活动开展一段时间后，在分享与交流的环节将前期幼儿的作品接龙，引导幼儿创编故事，指导幼儿正确欣赏同伴的作品。

(山东省淄博市市直机关第一幼儿园 刘玲)

12. 了不起的内画

【活动目标】

了解内画工艺的表现手法，尝试简单的内画创作，对内画工艺感兴趣。

【活动准备】

(1) 前期经验：组织幼儿通过实地参观或观看视频的方式了解、欣赏内画工艺。

(2) 材料提供：供幼儿欣赏的内画壶实物或图片，简单清晰的内画工艺的图片，瓶口大小不同的透明容器，丙烯颜料，棉签，自制内画笔（在带弯头的小枝条上缠棉花即可）等。

【操作要点】

用棉签或自制内画笔蘸取丙烯颜料，按照自己的意愿在容器内壁进行创作（见图35）。

图 35

【观察要点】

（1）观察幼儿对内画笔及内画瓶的选择与使用情况，了解幼儿选择的真实意图。

（2）观察幼儿能否根据瓶口大小选择相应的内画笔。

（3）观察幼儿怎样实现内画，重点观察幼儿克服困难的过程。

【指导建议】

（1）根据幼儿的经验，引导幼儿选用适宜的工具及材料。比如：对于初次参与此活动的幼儿，建议其选用棉签及广口容器进行创作；对于经验丰富的幼儿，可引导其选择瓶口小的容器和弯形内画笔进行创作。

（2）引导幼儿在反复尝试中体验内画的创作方法。

（3）指导中不要过于关注幼儿的作画效果，重在激发幼儿敢于挑战内画这种作画方式，帮助幼儿体验成功的乐趣。

（山东省淄博市市直机关第一幼儿园　李飞雪）

13. 酸甜苦辣咸的样子

【活动目标】

借助气味联想;用各种线条大胆表达自己的感受,体验想象作画的乐趣。

【活动准备】

(1) 前期经验:幼儿和爸爸妈妈一起体验过各种气味和味道,能够简单地表达自己的感受。

(2) 材料提供:不同味道和气味的物品,如胡椒、醋、水果糖、盐、辣椒水、山楂、黄连等;棉签、绘画纸、炭笔、记号笔、彩笔等;各种供幼儿参照的线形符号。

【操作要点】

选择一种或几种味道闻一闻、尝一尝,然后创造能表现味道的线条、图形,进行不同的图形组合创作,表达出闻气味、尝味道的感觉(见图36)。

图36

【观察要点】

观察幼儿所闻味道与所画线条之间的联系。

【指导建议】

（1）活动之初，可以先提供刺激性最强的辣味让幼儿尝试进行想象绘画，这样幼儿的感触会比较强烈；也可以提供对比强烈的两种味道让幼儿比较绘画。

（2）幼儿创作过程中，教师应注意观察幼儿用什么样的图形表示味道，体会幼儿的感觉并及时给予鼓励。

（3）在分享与交流的环节，可以开展一个"猜猜我的味道"的活动，请幼儿根据完成的作品猜猜画面上表现的是什么味道，从而引发更多的幼儿参与到活动中来。

（4）幼儿有了一定的绘画经验之后，可以在区域活动中引导他们创作生活中各种事物的味道，如春天的味道、花香的味道、年的味道、爸爸的臭脚丫的味道等。

（山东省淄博市市直机关第一幼儿园　武晓蕾）

14. 画音乐小树和小精灵

【活动目标】

能根据音乐大胆地想象小树和小精灵的故事，并尝试用绘画的方式表现出来。

【活动准备】

（1）前期经验：幼儿和爸爸妈妈一起认识各种各样的树，了解几种树的外形特征；在幼儿园和小伙伴一起观看《蓝精灵》、《宠物小精灵》等有关精灵的动画片片段，了解精灵的善良和神奇；欣赏过音乐《小树和小精灵》。

（2）材料提供：音乐《小树和小精灵》，录音机；各种不同材质、颜色、形状的画纸；炭笔、水彩笔、油画棒、毛笔等。

【操作要点】

(1) 根据音乐的节奏特点大胆想象小树和小精灵的故事。

(2) 自由地选择材料进行绘画创作。

(3) 创作结束后由教师帮忙注明故事内容。

(4) 多次创作后，可以把绘画作品订成一本属于大家的故事创作集。

【观察要点】

(1) 观察幼儿材料的选择和使用情况。

(2) 观察幼儿能否将音乐创想的主体物画大，并放置在画面的主要位置。

(3) 观察幼儿在音乐紧张乐段的情节创作。

【指导建议】

(1) 根据区域活动时间，第一次可以引导幼儿先就音乐的缓慢部分进行绘画创作，第二次再进行音乐紧张乐段的绘画创作。或是在多次欣赏音乐后，引导幼儿只就音乐紧张乐段的故事情境进行创想绘画。

(2) 鼓励幼儿将自己听到的音乐的创作情节讲述给伙伴听。

(3) 鼓励幼儿多次创作，感受绘画音乐的快乐，最后订成一本大家的故事创作集。

(4) 组织幼儿进行其他音乐作品的绘画创作。

(山东省淄博市市直机关第一幼儿园　郭莉萍)

15. 夸张的我

【活动目标】

了解漫画中五官夸张的表现手法，初步尝试夸张画的创作；学习用叠印的方法表现面部的色彩，体验版画创作的乐趣。

【活动准备】

（1）前期经验：幼儿通过看视频和漫画书已了解漫画的绘画特点。

（2）材料提供：取KT板以及同样大小的黑色卡纸，用透明胶固定一个边，制成简易的版画材料；炭笔、水粉颜料、水粉笔、抹布、版画笔。

【操作要点】

（1）刻板：用版画笔（可以用牙签、鸡柳棒等一头稍尖的小木棒代替）在KT板上刻画人物轮廓，要刻画出稍深的印痕，为下一步创作做好准备。

（2）刷色：用水粉笔蘸喜欢的颜色为所刻人物涂色，涂色要均匀。

（3）印色：借助黑色卡纸固定的一边，将其对应覆盖在KT板上，按压、抚平，使KT板上的颜色均匀转印到卡纸上。

（4）反复刷色和印色直至作品完成（见图37）。

图37

【观察要点】

（1）观察幼儿刻板的技巧和方法。

(2) 观察幼儿是否掌握并运用了夸张的表现技法，重点观察幼儿作品中五官的哪个部位用到了夸张技法。

(3) 观察幼儿印画的技巧和方法，重点观察是否运用了叠印方法。

【指导建议】

(1) 根据幼儿的经验，指导幼儿大胆刻板，可提出刻板的要求，如画面要画大，线条要粗一点，版画内容重点夸张表现人物五官的哪个部位。

(2) 指导幼儿不断探索和尝试版画创作的经验。

(3) 指导中不要过于关注幼儿的作画效果，而是要引导幼儿敢于采用夸张的表现方式，体验作画过程的快乐。

(4) 在分享与交流环节，教师可借助典型的漫画名作，指导幼儿欣赏体验漫画给自己带来的快乐，从而进一步激发幼儿对美术活动的兴趣与爱好。

(5) 引导幼儿用版画的方法创作更多的内容。

(山东省淄博市市直机关第一幼儿园　彭媛媛)

16. 泡沫机器人

【活动目标】

大胆地拼插组合泡沫，表现不同形象的机器人。

【活动准备】

(1) 前期经验：幼儿欣赏过各种机器人的图片。

(2) 材料提供：各种形状的泡沫，牙签、木棍、吸管等连接材料，水粉颜料、排笔。

【操作要点】

(1) 运用牙签等连接材料将泡沫拼插组合，创作出机器人的形象。

（2）运用木棍等辅助材料进行造型，并用水粉装饰花纹（见图38）。

图38

【观察要点】

（1）观察幼儿拼插时的方法，了解幼儿的设计。

（2）观察幼儿如何运用牙签、木棍、吸管等材料拼插并表现机器人的不同动态。

（3）观察幼儿如何运用水粉设计不同的花纹，把机器人表现得与众不同。

【指导建议】

（1）指导幼儿拼插机器人时连接要牢固并有不同的动态。

（2）提示幼儿运用多种辅助材料拼插组合机器人。

（3）指导幼儿运用多种花纹进行装饰，要求有疏密对比。

（山东省淄博市市直机关第一幼儿园　王凤娟）

17. 二方连续（剪纸）

【活动目标】

探索二方连续纹样的折剪方法并尝试独立设计纹样，感受创造学习的快乐。

【活动准备】

详细的范样展板、长方形白纸、彩色长条纸、剪刀、水彩笔。

【操作要点】

（1）观察理解范样上的详细步骤，初步做到心中有数。

（2）根据范样上的折叠步骤，用长条纸进行折纸（见图39）。

图 39

（3）设计自己喜欢的纹样，按范样提供的方法进行绘制。

（4）沿线剪纸，完成创作。

【观察要点】

（1）观察幼儿折叠的方式，了解幼儿是否真正理解了按一定的宽窄向前向后连续折的方法。

（2）观察幼儿能否自行设计纹样，重点观察幼儿独立设计的过程。

（3）观察幼儿能否创作出连续的纹样，创作失败后如何发现并解决问题。

【指导建议】

（1）当幼儿遇到困难时不急于帮助，多以提问的方法引导幼儿积极尝试解决问题，比如："你剪的小苹果怎么断开了？想一想，怎样让它一个个连在一起呢？"

（2）鼓励幼儿设计更多的与众不同的纹样。

（3）指导中关注遇到困难退缩的幼儿，引导他们进行简单纹样的设计，帮助他们体验成功，增强他们克服困难的信心。

(山东省淄博市市直机关第一幼儿园 边炜)

一、活动内容与关键经验

益智区就是投放一些能促进幼儿观察、比较分析、推理判断以及启发幼儿思考的材料,供幼儿进行操作、发展智力的区域。益智区活动能帮助幼儿学习观察的方法,培养幼儿形成良好的观察习惯,提高其观察力;能帮助幼儿学习辨别、分析、判断,提高幼儿分析问题、解决问题的能力;能培养幼儿思维的敏捷性、灵活性、独创性等良好的思维品质,提高其思维能力;能培养幼儿专注、细致、有序、有条理等良好的学习习惯。

(一)活动内容

益智区的活动内容丰富,种类较多,一般包括以下几种类型:

1. 感官游戏

感官游戏,是指通过对幼儿的"视、听、嗅、味、触"等感觉器官进行刺激,以促进其发展的游戏。感官游戏对于年龄较小的托、小班幼儿尤为重要。

2. 比较异同的游戏

比较异同的游戏,是指通过观察、比较来判断两个或两个以上物体的相同点与不同点的游戏。这类游戏能够锻炼幼儿细致的观察能力与敏锐的判断力,提升其思维品质,促使其养成认真、细致、严谨的良好习惯,也是幼儿进行分类游戏的基础。

3. 分类游戏

分类游戏,是指把相同的或具有某一共同特征(属性)的东西归并在一起。按物体的一种特征分类的游戏,小班即可进行;中、大班幼儿可以尝试按物体两种以上的特征进行层级分类或多角度分类。

4. 记忆游戏

记忆游戏，是指锻炼幼儿通过快速观察、回忆、再现等方式进行记忆能力培养的游戏，也是思维游戏的一种。

5. 智力玩具游戏

智力玩具游戏，是指通过一些智力玩具如魔方、魔尺等，以游戏的形式锻炼幼儿的手、眼、脑，增强其逻辑分析能力和思维敏捷性的游戏活动。

6. 迷宫游戏

迷宫游戏，是指锻炼幼儿观察能力和空间知觉的游戏，能够有效地锻炼幼儿的运动思维，促进其形象思维的形成。一般有平面迷宫、立体迷宫、封闭式迷宫、敞开式迷宫等，难度随迷宫的复杂程度而增加。

7. 拼图游戏

拼图游戏，一般有封闭式拼图和开放式拼图两种形式。封闭式拼图是指将一个图案或完整的物体图像分割后，打乱顺序，再重新拼出原图，如汽车拼图、动物拼图、场景拼图等；开放式拼图一般是指利用一组几何图形、积木等创造性地拼出不同的图案与形体的拼图游戏。

8. 纸牌和棋类游戏

此类游戏属于规则游戏，一般需要2名或2名以上的幼儿参与，往往会有输有赢，因此对于幼儿规则意识、交往能力、合作能力、抗挫能力等社会性发展有着重要的作用。

9. 数学游戏

数学游戏是益智区中非常重要的一类游戏，往往结合集体教学中的目标以及幼儿的经验水平来设计，如数字排序游戏、数量比较的游戏、数字与数量对应的游戏、分合游戏、加减游戏等。

10. 民间益智游戏

民间益智游戏，是指那些经过代代传承与发展，现在仍广泛流传的发源于民间的益智游戏。它们一般都易懂易学，也容易就地取材，对于幼儿的个性发展和良好意志品质的形成以及幼儿智力、社会性等方面的发展都有着不可忽视的作用。适合幼儿玩的民间益智游戏种类非常丰富，常见的有翻绳、七巧板、占地盘、挑棍儿等，还有一些民间棋类游戏如五子棋、牛角棋等也深受幼儿欢迎。

需要注意的是，益智区不是个别化教学的场地，也不是完成操作作业的区域，而是引发幼儿不断发现和探索行为的充满乐趣的地方。教师应投放能激发幼儿创造性行为的具有探究性、引导性的游戏材料并善于发现幼儿的自发学习，同时给予有效的支持。

（二）各年龄段关键经验

关键经验	小班	中班	大班
活动兴趣与活动的自主性	逐渐对益智区的活动产生兴趣，在教师的引领下，愿意尝试益智区的活动	喜欢参与益智区的活动，能主动选择材料开展活动	对益智区的各类活动都有较浓的兴趣，能积极主动地参与活动，并愿意参与益智区的环境调整及材料的设计、制作
材料的选择与使用	能独立选择材料，根据基本的操作要求使用材料	能有目的地选择并正确使用材料，愿意尝试新材料	能主动选择富有挑战性的材料，在操作材料的过程中有自己独特的想法与创意

续表

关键经验	小班	中班	大班
学习品质与思维能力	能够较专心地操作自己喜欢的材料；能够进行简单的记忆游戏以及简单的配对、排序等活动。有基本的观察力、判断力，喜欢玩简单的智力玩具	能够善始善终较投入地进行操作活动；遇到困难能够主动寻求老师和同伴的帮助；有基本的观察力、判断力，喜欢玩简单的智力玩具	能够专心投入地操作和游戏；遇到困难、挫折时不轻易放弃，能尝试多种方式解决问题；喜欢对思维有挑战性的游戏，喜欢探索更有创意的玩法
习惯与规则	不乱扔材料，轻拿轻放，能物归原位；在教师的指导下，能理解并遵守区域活动的一般规则，能掌握简单的操作规则	能够爱护玩具，有条理地收拾整理材料；能够理解简单的游戏规则，愿意遵守游戏规则	能够自觉遵守并主动维护区域及游戏规则，有较强的规则意识；能够掌握规则较复杂的游戏玩法，并自觉遵守规则
交流与合作	不随意打扰同伴的活动；在教师的引导下，愿意与同伴分享自己的收获和感受	喜欢与同伴共同游戏，能够主动与同伴分享、交流	乐意与同伴交流，喜欢玩合作性游戏，合作中能听取同伴的意见，能自主解决合作中的问题与纠纷

二、活动的一般流程

益智区的活动没有特别固定的形式，往往要根据投放的材料以及幼儿在区域中活动开展的实际情况来确定，其最基本的流程一般包括以下几点：

1. 了解玩具与材料的玩法和使用方法

益智区的操作材料类型较多，包括：操作方法较简单、操作过程有相似性的材料，如拼图、嵌板、接龙、迷宫、排序类材料等；有固定规则和玩法的材料，如棋类、扑克牌类等；方法较复杂、规则性较强的益智玩具、数学类游戏材料等；还有一些无特定的规则，玩法比较开放的材料，如七巧板、魔尺、橡皮筋构图板等。因此，如果益智区没有投放新的材料，可以直接让幼儿自主选择材料开始活动；如果投放了新材料，教师就要根据材料的类型来确定推介方式，如直接投放、简单推介、讲解规则、示范玩法等。幼儿只有了解了新材料的玩法和规则，才能自如地进入益智区进行活动。

教师在这一环节除了做好材料的推介、规则玩法的讲解提示外，还应该通过多种方式鼓励幼儿多尝试、敢挑战、多创意，激发幼儿参与活动的兴趣。

2. 选择材料开始活动

幼儿自主选择材料的过程也是教师观察了解幼儿的一个好机会。比如，有的幼儿对益智区的活动非常熟悉，目标很明确，选择材料时迅速而果断；而对益智区材料不太了解，对于操作方法也不明确的幼儿往往会感觉无从下手；有的幼儿喜欢尝试新材料，有的幼儿只喜欢玩自己熟悉的材料；有的幼儿在某一阶段会特别喜欢某类材料，如拼图、棋类等；有的幼儿总是一个人操作，不喜欢玩合作性游戏……教师可以结合平时的观察，有针对性地予以引导。

益智区的活动对于幼儿学习品质的培养有着重要的作用，因此在幼儿操作过程中教师要关注幼儿的习惯和活动的状态，发现问题、分析原因并给予有针对性的指导，以帮助幼儿形成良好的学习品质。比如，当幼儿无法专注操作时，教师可以从以下几个方面考虑：材料是否适合幼儿的经验水平？幼儿是否了解操作方法和规则？幼儿是否具备专注操作的心理状态和水平？（这一点不容忽视，有些幼儿之所以始终无法专注地操作益智区的材料，可能是因为他们还不具备进行具有一定思维难度的活动的能力，教师可以建议或带领他们从生活操作区简单的抓、舀、夹等活动开始，逐步培养静心专注的意志品质。）

对于幼儿规则意识、合作意识以及合作能力的培养也是益智区活动指导中教师应该关注的。教师可以有意识、有重点地在活动中进行这方面的观察与指导。比如在规则遵守方面，教师可以通过正面鼓励、环境暗示、同伴影响、适当惩戒等方法进行；对于合作方面出现的问题，教师不妨从创造合作机会、引导合作方法、鼓励合作行为等几方面予以指导。

3. 收拾整理材料

益智区的材料整理有它的特殊性，有的需要摆放得整齐、有序，如各种数学类材料、棋类材料等；有些材料要打乱顺序摆放，为后面操作的幼儿做好准备，如拼图、接龙、配对、排序等类型的材料。教师首先应引导幼儿养成物归原位的好习惯，然后引导幼儿了解益智区各类材料的整理方法，正确且有条理地做好材料的收拾整理工作。

4. 分享与交流

教师可以从幼儿对材料的兴趣、操作中的新发现新创意、对于规则的理解掌握、合作中的问题以及幼儿的习惯养成、能力提升等方面选择话题，有重点地引导幼儿分享与交流。

三、评价的一般要点

对益智区活动的评价一般从区域环境的创设、区域中的幼儿、区域中的教师三个方面进行评价。

1. **区域环境的创设**

（1）空间安排是否相对安静且大小适宜，是否能根据需要进行动态变换或调整。

（2）材料是否丰富、充足，是否有助于幼儿自主学习、自我检查，是否符合本班幼儿的发展水平。

（3）墙饰布置能否突出益智区的特点，能否与区域中的活动和材料相互补充、相得益彰，引发幼儿的互动。

2. **区域中的幼儿**

（1）幼儿是否积极主动地参与益智区的活动。

（2）幼儿能否自主的、有目的地选择材料，是否喜欢选择相对具有挑战性的材料。

（3）幼儿能否有始有终地、专注地进行活动，遇到困难能否反复尝试，不轻易放弃。

（4）操作中，幼儿是否喜欢探索更有创意的玩法并尝试运用多种方式解决问题。

（5）幼儿是否能按照规则操作和游戏，并积极参与规则的制定。

（6）幼儿是否具备基本的合作意识与能力。

3. **区域中的教师**

（1）教师能否为幼儿创设平等、尊重、宽松的氛围，并对幼儿的活动进行有针对性的观察与指导。

（2）教师能否把握时机，适时、适宜地介入指导。

（3）教师能否针对益智区的活动进行及时的反思与调整，并通过分享、交流与评价有针对性地解决活动中的问题。

附：评价表

益智区评价表

幼儿园：_____ 班级：_____ 时间：_____

一级评价指标	二级评价指标		标准分	得分
区域环境的创设 30分	空间安排 10分	区域空间是否相对安静，空间的大小与进区人数是否相适宜	3	
		是否有充足的桌面操作空间以及部分地面操作空间	4	
		区域布置能否根据需要进行动态变换或调整	3	
	材料投放 15分	材料的种类是否丰富、全面，数量是否充足	3	
		材料是否完整齐全，材质、色彩、造型是否对幼儿有吸引力	3	
		材料是否有助于幼儿自主学习、自我检查	3	
		材料是否有层次性、挑战性	3	
		材料投放是否有目的性、计划性	3	
	区域墙饰 5分	能否与区域中的活动和材料相互补充、相得益彰	2	
		能否对益智区的活动起到支持、推动的作用	3	
区域中的幼儿 40分	兴趣与主动性 5分	对益智区的各类活动是否有兴趣	2	
		能否主动选择材料、自主活动	3	
	材料的选择与使用 10分	能否自主地、有目的地、有计划地选择材料	4	
		是否喜欢选择相对具有挑战性的材料	3	
		是否喜欢尝试新材料	3	

续表

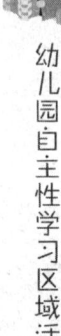

一级评价指标	二级评价指标		标准分	得分
区域中的幼儿 40分	思维品质与能力 10分	能否专注投入地操作材料或与同伴游戏	3	
		能否有始有终地进行活动	3	
		遇到困难，幼儿能否反复尝试不轻易放弃	2	
		能否尝试运用多种方式解决问题	1	
		操作中能否有新发现，或探索出更有创意的玩法	1	
	规则意识与能力 10分	是否有遵守规则的意识，能否按照规则操作和游戏，并约束自己的行为	4	
		能否有意识地学习和了解规则	4	
		是否乐意参与规则的制定	2	
	合作意识与能力 5分	是否愿意与同伴合作游戏	1	
		合作中能否尊重别人的意见或感受	2	
		合作中出现问题能否积极地想办法解决	2	
区域中的教师 30分	对幼儿的观察 6分	是否有明确的观察目的和观察重点	2	
		能否科学、客观地观察幼儿，敏锐地发现问题	2	
		能否将全面观察和个别观察相结合	2	
	对幼儿的指导 10分	能否把握好介入指导的时机，能否选择恰当的方法与策略进行适时、适宜的指导	6	
		能否通过分享与交流有针对性地解决活动中的问题	4	

续表

一级评价指标	二级评价指标		标准分	得分
区域中的教师 30分	对活动的评价 6分	评价是否客观并具有针对性,能否推动益智区活动的进一步开展	6	
	对区域环境的反思和调整 8分	能否根据幼儿的活动情况对区域的空间和环境进行调整	4	
		能否根据幼儿的活动情况对材料进行补充和调整	4	
总分				

评价者：_____

四、问题与对策

1. 幼儿不喜欢益智区的活动怎么办？

出现这种情况，教师可以从以下几点进行分析：

（1）看看材料是否有问题。区域活动中的材料往往会决定幼儿对区域的兴趣。如果班里的多数幼儿都对益智区不感兴趣，那很可能是材料出了问题，教师不妨从适宜性、丰富性、动态性来审视本班益智区的材料。

①材料的适宜性：要看材料是否符合本班幼儿的年龄特点、经验水平、本阶段的兴趣点；是否是有层次的，能够适合不同能力水平的幼儿；是否有适当的挑战性，符合幼儿的最近发展区，让幼儿能够跳一跳够得着。这一点对于益智区尤为重要。比如，小班的材料相对于大班的材料来说要稍大一些，色彩更鲜艳，形象更生动逼真，更有趣味些。再比如，同样是分类游戏，小班幼儿更适合按物体的一个特征进行分类，所以教师投放材料时要注

意所提供的材料只有一个特征上的差异，而其他特征相同。到了大班，对幼儿有挑战性活动的是进行多角度分类或层级分类，那么操作的材料就要做相应的调整和改变。

②材料的丰富性：是指材料种类与功能的多样化。材料的材质与色彩、结构的高低搭配、成品材料与半成品材料的比例、功能的单一与丰富程度等，都会影响幼儿对益智区的兴趣。教师可以有意识地去丰富材料的种类和功能，比如到了中、大班可以多增加一些自然材料、半成品材料，还可以投放一些高质量的、有挑战性的益智玩具，以使益智区的材料更富有变化和创造性。

③材料的动态性：是指材料投放不应是一成不变的，而应该是动态变化、适时更新的，教师可以根据幼儿经验水平的提升、兴趣点的变化、主题活动的开展等情况及时地更新、调整材料。益智区的材料本就相对单调、枯燥些，远没有角色区、表演区等区域的材料那么吸引人，如果材料长期毫无变化、毫无新意，就无法激发幼儿的兴趣。

（2）看看教师对材料的推介和指导是否有问题。益智区的活动具有很强的操作性和规则性，很多活动需要幼儿了解规则和玩法后才能操作，而且益智区的活动对幼儿的学习品质、思维能力的要求相对较高，如果没有教师适时的指导与帮助，幼儿往往会因为操作过程中的失败与挫折而放弃活动，失去兴趣。同时，教师还应注意指导的适度性，过度的指导非但不会激发幼儿的兴趣，反而会让幼儿因失去自由探索的空间而丧失兴趣。比如，幼儿正在很投入地玩听音筒配对的游戏，教师看到幼儿第一对就配错了，马上走过去要求幼儿重新进行操作。幼儿重新操作后仍然配错，教师就直接拿起两个听音筒，分别在幼儿耳边晃动，然后问幼儿："它们的声音一样吗？"随后，教师又拿起与其中一个是一对的听音筒,让幼儿听辨,问幼儿:"这两个的声音是不是一样啊?"幼儿茫然地看着老师,不知该如何回答。教师又重复前面的动作,然后让幼儿自己试一试。幼儿按照老师的要求再次操作,却没有了一开始时的投入。在这个案例中,教师的指导显然是过度了。其实,类似这样的情况,教师完全没有必要那么早介入,也不必那么直接地将正确结果展示给幼儿。教师要留给幼儿自己操作、检查、发现问题和探索解决办法的机会,否则,过度的指导不仅剥夺了幼儿自主发展的机会,更会导致幼儿的活动兴趣减弱甚至消失,这对幼儿来说是更大的损失。

2. 益智区材料是否越多越好?

活动材料种类丰富、数量充足是保证益智区活动正常开展的物质基础,但并不是说材料越多越好。过多、过杂的材料往往会让幼儿眼花缭乱、无从下手,把过多的时间和精力放在"到底选哪一个"上。过多的材料还会分散幼儿的注意力,使他们专注于不断地尝试各种材料而忽视对单个材料的深入探索,这显然有悖于教师投放材料的初衷。因此,教师必须明确这一点,即益智区材料并非越多越好。

教师要根据幼儿的能力水平以及益智区的活动内容有目的、有计划地投放材料,避免盲目追求材料的数量和花样。益智区材料的多少应考虑班级人数、益智区的规模,确保区域中的幼儿有自由选择的空间,同时还要尽可能地发挥出每份材料的价值。益智区一般容纳 6～8 名幼儿,材料的数量以幼儿人数的 2～3 倍为宜。还应注意的是,活动材料不能在学期初一次性投放,新材料也不宜一次性投放过多,这样都会影响幼儿对材料的选择,从而影响益智区活动的实际效果。

3.如果幼儿对一些材料缺乏兴趣,是否该立刻撤掉?

当观察到幼儿对某些材料兴趣降低时,教师需要先进行客观分析,再视情况而定。

如果幼儿缺乏兴趣的原因是活动材料的目标过低,已经落后于幼儿的经验水平,那么教师可以对材料进行加工改造,提高难度,以激发幼儿的操作兴趣。比如,幼儿对益智区"给娃娃戴指环"(将同色的指环对应"教具手指"上的数字套上去)的游戏没有兴趣了,一连几周都没有人选择操作,那么教师可以将材料稍作加工,把指环变成五种颜色,并在每个手指上的数字旁边画一个与指环颜色对应的点,操作要求变成根据手指上的数字与颜色套指环,难度增加了,同时也增添了趣味。对于某些不再吸引幼儿的材料,教师有时不必更换或者改造材料,只需将要求改变一下就会再次激发幼儿的兴趣。比如,在动物分类的游戏中,教师一开始提出的要求是按照动物的居住环境分类,幼儿操作几次后便不愿再选择了。这时,教师将要求改为"请根据自己的办法给这些动物分类",那么幼儿就可以根据动物的各种特点进行分类,如有无羽毛、腿的数量、运动速度的快慢、饮食习惯等。目标的调整也会再次激发幼儿对材料的兴趣。

如果教师投放的材料难度过大,远远超过了幼儿的能力水平,导致幼儿不感兴趣,那么教师不妨先将材料收起来,等待合适的时机再投放。

有些材料已失去操作的价值,也无改进的空间,教师可以果断地撤掉。而有些材料对于幼儿来说仍有价值,却因幼儿对其过于熟悉而失去兴趣,那么教师可以将其暂时收起,过一段时间再重新投放,这样幼儿又会有新鲜感,也会再度激发起操作的兴趣。

4. 益智区材料如何促进幼儿的自主操作、自主学习、自我检查、自我纠错？

益智区活动内容多、种类多，很多活动都需要幼儿先学会玩法、懂得规则才能进行。这就要求教师在设计益智区的活动材料时应尽可能地有利于幼儿自主操作、自主学习、自我检查、自我纠错，这样不仅能更好地促进益智区活动的有序开展，更有助于提升幼儿的独立性、自主性以及发现问题、解决问题的能力。

在设计益智区的活动材料时，教师可充分考虑材料的特点，通过以下几种方法使益智区的活动更适合幼儿自主学习。

（1）物化规则、要求。比如，在"图形分类"活动中，教师在分类盒上分别贴上"红色的三角形"、"蓝色的正方形"、"黄色的长方形"，就是通过材料将规则与要求物化了，不用教师讲解，幼儿拿到材料就会明白操作要求与玩法。

（2）提供答案作为错误订正的依据。比如，在"破译电话号码"的活动中，教师可利用全班小朋友的家庭电话来设置密码，在每组密码前标上姓名或贴上照片，再通过有姓名、有照片的班级电话簿作为错误订正的依据，由幼儿自己检查订正。再比如，在"配对游戏"中，将同组物体标上相同的记号作为幼儿进行错误订正的依据。

（3）通过精心的设计提高材料的自我纠错能力。比如，在"图形宝宝回家"活动中，每一个图形都对应一个与其相吻合的镶嵌孔，如果幼儿选择错误，就无法嵌入图形，这非常便于幼儿自我纠错。再比如，在"找不同"游戏中，教师通过提供两个相同的标记，来帮助幼儿将两张图中不同的地方标出来，同时又通过标记的数量暗示图中共有几处不同点，如果标记没有用完，就说明还没有完成任务，这样就能够很好地引导幼儿自己发现问题，解决问题。

5. 幼儿不愿尝试有挑战性的材料怎么办？

在益智区，有些幼儿总喜欢玩熟悉的、相对简单的活动材料，对于那些教师刚投放的比较有挑战性的材料，往往会敬而远之，不愿尝试。造成这种现象的原因不外三个方面，一是材料本身的问题，二是教师指导的问题，三是幼儿自身的问题。

有时材料本身难度过大，或者操作规则及要求过多、过复杂，都会使幼儿不愿意尝试。这就要求教师在投放材料时一定要考虑幼儿已有的经验水平，提供适宜的材料，还要尽量简化要求和规则，以方便幼儿自主进行操作。

有时教师在推介时没能把玩法、规则讲解清楚，也容易导致幼儿因不明白、不会玩儿而回避这些有挑战性的材料。遇到这种情况，教师不妨重新考虑推介方式以激发幼儿的兴趣，比如完整地讲解示范，请能力强的幼儿分享自己的经验收获，与幼儿共同游戏等等。

有的幼儿因为自身性格因素，或者尝试过程中曾经有过失败的体验而挫伤了自信心，不愿再去选择新的有挑战性的材料，这尤其需要引起教师的关注。教师可以通过聊天、谈话的方式了解幼儿的想法，肯定其能力，并积极地引导和鼓励幼儿；还可以请能力强的、比较自信的幼儿与其结伴操作，通过同伴的影响激发幼儿对这些材料的兴趣；必要时教师还可以玩伴的身份亲自带领幼儿进行操作，并给予适时的肯定和鼓励，帮助幼儿建立自信、体验成功，从而激发幼儿的兴趣与勇气。

6. 如何提高幼儿对数学类游戏的兴趣？

数学类游戏一般是指益智区中与数学集体教学结合比较紧密的活动，如数字排序游戏、数量比较的游戏、数字与数量对应的游戏、分合游戏、加减游戏等。这些游戏相对于拼图、迷宫、棋类以及一些新颖的益智玩具来说，对幼儿的吸引力会小一些，但它们对于幼儿数学能力、数学思维的发展有着重要的作用。那么，如何提高幼儿对这类活动的兴趣呢？教师不妨从以下几点入手：

（1）提高这类活动的"游戏性"。比如，将"认识序数"的活动以"小动物搬新家"的游戏形式呈现出来，引导幼儿通过给新小区标楼号、标门牌、帮助小动物搬家等活动加深对序数意义的理解，并能与实际生活紧密结合起来；再比如，将"复习10以内加减运算"的活动设计成"破译电话号码"、"破译密码"等形式，并请幼儿通过亲自拨打电话、开密码锁等方式验证结果。幼儿在游戏的情境中体验挑战与成功的乐趣，对此类活动的兴趣会自然而然地培养起来。

（2）重视材料的品质。这里主要是指通过游戏材料的质地、色彩、造型等来吸引幼儿。在幼儿园里，我们倡导教师亲自动手为幼儿自制材料，但自制并不代表不追求品质。有些自制材料过于简陋，缺乏美感和耐用性，这样的材料很难引起幼儿的关注。

（3）发挥教师的作用。教师本身对数学游戏的兴趣会带给幼儿积极的影响。另外，教师针对材料的特点选择适宜的推介方法，以及教师推介时的语气、表情、语言的简练性、明确性和感染力等，都会影响幼儿对此类游戏的兴趣。

7. 益智区指导一般会采取哪些方法？

在益智区，教师可以灵活地运用多种方法进行指导。

（1）通过材料进行隐性指导。教师可以将活动的目标、玩法、规则甚至答案物化到材料中，通过材料本身的规范、要求和提示帮助幼儿自我检查、自我纠错，引导幼儿更加自主有序地进行操作游戏，实现隐性指导。这种方式能够有效地解决教师在区域活动指导中忙不过来的问题，对幼儿独立性、自主性以及发现问题、解决问题等能力的发展有着重要的意义。这就要求教师在设计益智区材料时要注意提高材料的自我检查和自我纠错功能。

(2) 通过同伴间的互动学习进行指导。比如，在各种益智玩具、拼图、迷宫、纸牌、棋类等游戏中，充分利用同伴间的相互学习、模仿、以强带弱等方式，会使教师的指导变得自然无痕，轻松有效。

(3) 教师直接介入指导。在益智区活动中，有时教师还需要进行必要的介入指导。比如，当幼儿很难理解、实施一些规则、玩法较复杂的活动时，教师就需要采用交叉介入指导的方式，以玩伴的身份参与活动，与幼儿共同游戏，在游戏的过程中了解幼儿的问题与困惑，展开积极的师幼互动，引导帮助幼儿顺利地开展游戏。

(4) 将指导融入区域活动结束后的交流讨论中。教师可以通过请幼儿展示自己在益智区活动中的新发现、新创意，来引导和激励其他幼儿；组织幼儿针对遇到的问题、困惑展开讨论，指导幼儿学习解决问题的方法。

8. 益智区分享与交流的重点应如何把握？

在益智区域活动的分享与交流环节，教师应引导幼儿重点关注哪些内容呢？

(1) 关注学习习惯和学习品质。相对其他区域来说，益智区活动对幼儿的学习习惯、学习品质的培养会更有优势。在区域活动结束后，教师可以就幼儿这方面的表现进行评价并与幼儿展开交流，比如"××小朋友在区域活动时非常认真、专心，完成了非常复杂的拼图""如果我们在操作中失败了该怎么办"等，以达到肯定、鼓励、引导的作用。

（2）关注规则执行与规则意识的养成。益智区中规则性的游戏比较多，如棋类、纸牌类以及需要合作的益智类游戏等。因此，在分享与交流环节，教师有必要引导幼儿对游戏规则以及自己与同伴遵守规则的情况进行交流评价，从而加深幼儿对于规则的认识与理解，这样做有助于幼儿规则意识的养成，也能够有效地促进益智区活动的进一步开展。

（3）关注问题的解决和能力的提升。通过分享与交流解决幼儿区域活动中出现的重点问题、共性问题，提升幼儿发现问题、解决问题的能力，这应该作为益智区分享与交流环节中教师要把握的重点。由于益智区活动材料的特点和活动性质的因素，幼儿在活动过程中往往会遇到各种各样的问题，其中有些是关于幼儿能力发展、经验提升方面的关键性问题。比如，许多幼儿在玩迷宫游戏时，由于方法不得当总是碰壁，尝试几次不成功后就放弃了。教师在分享与交流环节可以抓住这一问题，引导幼儿讨论怎样才能走出迷宫，然后与幼儿一起梳理玩迷宫游戏的方法，启发幼儿学会用目测、借助手指或彩笔、从出口往回找入口等方法来完成迷宫游戏，并帮助幼儿树立不怕困难、不怕失败的信念，以及遇到困难要换个角度用多种思路想办法的意识。

9. 如何指导大班幼儿参与益智区活动的设计和材料的制作？

大班幼儿对区域活动中的各类材料更加熟悉，积累了许多游戏活动的经验，创新能力、动手能力也大大提高，因此教师完全可以邀请他们参与到活动的设计和材料的制作中来。

首先，教师要注意选择合适的活动内容和材料，邀请幼儿参与。这里的合适是指所选择的活动内容与材料对于幼儿来说不是完全陌生的，幼儿已经操作过类似的活动，熟悉此类活动的规则和玩法，具备了一定的经验；还需要注意的是设计、制作的难度要与幼儿的能力水平相匹配。在指导幼儿参与设计、制作时，教师可以有多种方法。

（1）根据材料设计新活动。比如，有小朋友从家带来一捆清洗干净的冰糕棒，教师就可以请幼儿利用这些冰糕棒为益智区设计一个新的活动。教师首先要带领幼儿观察分析材料，倾听他们的想法和建议。教师要提醒幼儿注意设计时的一些问题，比如游戏难度和规则的设定要符合大班小朋友的水平，不能太难也不能太简单；设计时要考虑材料的特点等。教师可以结合最近集体教学中刚刚开展的模式排序活动与幼儿一起设计一个名叫"我给花园做篱笆"的益智活动：先取出一部分冰糕棒，再将其余的分别涂成3种颜色，然后用纸盒做一个"小花园"，幼儿可以根据事先做好的提示卡，用这些材料为小花园插上有规律的小篱笆，也可以自己设计出不同模式的小篱笆。

此外，教师还可以提出建议，帮助幼儿确立目标。比如，请幼儿一起来设计一个棋类游戏，然后围绕"怎样让游戏更好玩"与幼儿展开积极的讨论，共同设计规则，进行反复的尝试。尝试成功后，要充分肯定幼儿的成果，并投放到班级区域中在全班推广。

（2）在已有的活动和操作材料的基础上设计更富有挑战性的延伸活动。比如，幼儿在操作过大量的拼图游戏或迷宫游戏后，教师就可以引导他们自己设计更好玩、更有挑战性的拼图或迷宫游戏。在设计、制作这类活动材料时，教师可以带领幼儿总结这些游戏材料的特点，讨论制作的方法、步骤，然后共同制作。

（3）寻找材料设计新活动。比如，益智区需要投放一份按规律排序的新材料，教师可以请幼儿在材料储备区选择合适的材料，然后根据规律排序的目标要求确定材料的种类和数量，尝试设计活动。

在指导幼儿参与活动材料的设计与制作时，教师可以采用小组的方式进行，这样更有利于教师倾听每个幼儿的想法，让幼儿充分讨论，形成共同的意见，也便于教师指导。这样的活动会大大激发幼儿参与区域活动的兴趣，增强幼儿的自信心，提升幼儿的经验，培养幼儿的创新能力和动手能力，一举多得。

10. 规则性游戏中，幼儿不按既定的规则玩怎么办？

游戏中的规则是游戏得以顺利进行的基础和保障，尤其是在益智区某些规则性要求比较高的活动中。教师首先应该引导幼儿了解规则、明确要求，养成自觉遵守规则的习惯。若出现幼儿不按既定规则进行游戏的情况，教师应该通过观察了解情况，分析原因。

如果是因为幼儿对规则不了解、不理解，那么教师就应该通过亲自介入指导或同伴互动的方式予以解决。

如果在某一项活动中，经过讲解后多数幼儿仍出现这样的情况，教师就要考虑是不是规则制定的问题，是规则过多限制了幼儿的游戏，还是规则制定得过于复杂不宜幼儿遵守，情况明确后，需及时调整规则。

有时也有这样的情况，即对于有些材料幼儿根据教师制定的规则已经玩得很熟练了，就想通过改变规则的方式尝试新的玩法，此时教师要肯定并支持幼儿，帮助幼儿尝试新规则的制定。一旦成功，教师应在班级中推广新的规则和玩法。

五、活动案例

1. 触摸游戏

【活动目标】

了解布料的不同质地与纹理,锻炼触觉的敏锐性。

【活动准备】

大小相同、质地不同的几种布料(棉绒布、帆布、丝绸、条绒等),每种各两块放入布盒中;眼罩一个。

【操作要点】

(1) 打开布盒,戴上眼罩。

(2) 从布盒中取出一块布料,用手触摸,感知布料的质地与纹理。

(3) 从布盒中取出第二块布料,触摸并感知;再与第一块比对,如果是相同的布料就放在一起,不一样的就放到第一块的下方。

(4) 依次将布盒中的布料全部配好对。

(5) 摘下眼罩,进行检查,看布料是否配对成功。

(6) 游戏结束,将布料打乱顺序放回布盒。

【观察要点】

(1) 观察幼儿在游戏过程中所表现出来的触觉感知水平。

(2) 观察游戏过程中幼儿的坚持性及条理性。

【指导建议】

(1) 在第一次投放布盒时应尽量选择差异性大的布料,一开始可只投放三组,方便幼儿辨识。随着幼儿能力的提高,逐渐增加布料的种类。

（2）引导幼儿耐心、仔细地触摸感知布料的质地与纹理，并尝试说说自己的感觉。

（3）及时观察并帮助还不能自主完成配对的幼儿。比如，对于配对有困难的幼儿，可以请他先摘掉眼罩，一一观察、触摸比对各种布料后，再戴上眼罩进行游戏。

（山东省淄博市市直机关第三幼儿园　庞海燕）

2. 图片接龙游戏

【活动目标】

锻炼观察能力，练习配对与分类。

【活动准备】

各种接龙图卡，如交通工具类、水果类、动物类、颜色类等。

【操作要点】

以交通工具接龙为例：

（1）从卡片盒中取出接龙游戏图卡，将第一张放到桌子左上方，观察图上的内容（接龙卡中心线两边分别画有自行车、汽车）。

（2）在其余的接龙卡片中找到前面图案是汽车的卡片（如汽车、火车），将它放到第一张卡片后面；接着再找前面是火车的卡片（如火车、轮船），将它排到第二张卡片后面，依次将所有卡片排完。

（3）收卡片时，要将顺序打乱放到卡片盒中，方便其他幼儿继续玩。

【观察要点】

重点观察幼儿在操作过程中能否理解接龙游戏的玩法，并迅速找到需要的卡片。

【指导建议】

(1) 可以根据幼儿的兴趣制作各种各样的接龙卡片，如水果接龙卡、动物接龙卡、颜色接龙卡等，然后分别放到不同的卡片盒中供幼儿选择。

(2) 建议幼儿从最喜欢的接龙游戏开始玩，重点引导幼儿从中发现接龙游戏的规律和规则。操作时可以引导幼儿将"接"的部位"碰一碰"，以解决难点，便于幼儿更好地操作练习。

(3) 可以建议幼儿与同伴一起玩，"你接一张，我再接一张"，共同完成接龙游戏。

(山东省淄博市嘉源幼稚园 胡芹)

3. 找不同

【活动目标】

观察、对比找出两幅图中不一样的地方，培养观察的细致性、敏锐性。

【活动准备】

两幅有几处不同却又非常相似的图片；各种颜色的小标记(如小圆点、较小的动物形象或小的数字等)，每组各2个。

【操作要点】

(1) 取出两幅图片仔细观察，寻找不同的地方。

(2) 找到一处不同就将2个同色的标记分别放到两张图中相对应的位置。

(3) 所有标记都用完，就说明已将图中所有的不同之处都找了出来。如果还有剩余的标记，则说明没有全部找完，要继续寻找。

【观察要点】

重点观察幼儿能否有序地进行观察，并能利用标记更好地完成游戏。

【指导建议】

（1）引导幼儿掌握有序的观察方法，如从上往下、从左往右，逐一进行对比观察，迅速而准确地找出不同。

（2）让幼儿明白材料中有几组标记，就说明图中有几处不同。

（3）可以根据幼儿的兴趣和能力提供不同内容、不同难易程度的图片。

（山东省淄博市世纪花园幼儿园　朱美玲）

4. 雪糕棒拼拼乐

【活动目标】

掌握拼图的基本技巧，学会自制简单的雪糕棒拼图。

【活动准备】

雪糕棒若干，由不同数量（6～10根）的雪糕棒制作的拼图，简单有趣的彩色图案贴纸，胶棒，剪刀。

【操作要点】

（1）观察范例图片（见图40），根据范例图片的提示进行拼摆。

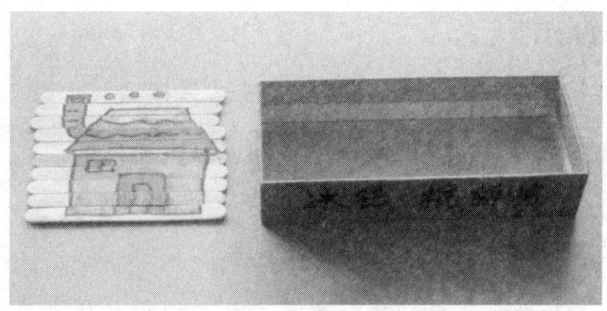

图40

（2）将3～4幅拼图块混放在一起，依据颜色或数字的提示，找出一幅完整拼图的所有雪糕棒,再依据正面的画面特征进行拼图。

(3) 将混放在一起的无提示的拼图,依次分出拼图的全部雪糕棒,再进行拼图。

(4) 确定使用的雪糕棒数量并将雪糕棒平铺,然后选择自己喜欢的图案纸片铺在并排摆放的雪糕棒上,再用胶棒将纸片反面涂上粘胶并贴在雪糕棒上,最后用剪刀将雪糕棒一一分开(在每根雪糕棒的相同位置做提示标记)。

【观察要点】

重点观察幼儿选择材料进行操作的过程;观察幼儿是否掌握拼图的技巧;是否掌握自制拼图的顺序及要领。

【指导建议】

(1) 对于初次玩拼图游戏的幼儿,可引导其先仔细观察范例中主要事物的色彩、轮廓等特征,寻找提示标记,然后再进行拼摆。

(2) 幼儿在玩无参照、无提示的拼图游戏时,教师要引导其依据画面中线条、颜色等特征寻找线索进行拼图。

(3) 指导幼儿自制雪糕棒拼图的关键是让幼儿明确制作顺序(先贴再剪)。

(山东省潍坊市奎文区樱园幼儿园 于广健)

5. 钓小鱼

【活动目标】

手口一致地点数 5 以内的数,感知 5 以内物体的数量;发展手眼协调能力。

【活动准备】

数字卡片1—5；鱼竿1根，鱼钩用磁铁代替；用彩色卡纸塑封制作的小鱼5种，数量分别为1—5条，每条小鱼的头部都别上1枚曲别针。

【操作要点】

(1) 将小鱼散放在托盘或桌面上，幼儿手持鱼竿，用鱼竿上的磁铁吸住小鱼头部的曲别针，逐个把小鱼钓起。

(2) 将钓起的小鱼按颜色、形状分类，数一数每种小鱼的数量，并用相应的数字卡片来表示。

【观察要点】

重点观察幼儿在操作过程中能否正确地进行分类、点数及按物计数。

【指导建议】

(1) 指导幼儿在钓鱼时要专心，鱼竿要抓稳，眼睛要看准。

(2) 指导幼儿可以将鱼全部钓完后分类，也可以钓完一种再钓另一种。

(3) 点数小鱼的数量时，重点指导幼儿手口一致地点数，避免出现跳数、漏数等现象；引导幼儿比一比哪种鱼多，哪种鱼少。

(4) 可建议幼儿与同伴一起进行钓鱼比赛，比比看谁钓的鱼多；也可以互相抽取数字卡，按上面的数字钓出相应数量的鱼。

(山东省淄博市嘉源幼稚园　赵冉冉)

6. 好玩的听音筒

【活动目标】

能辨识声音间细微的差异，提高听觉的敏锐性。

【活动准备】

胶卷盒或养乐多等较小的塑料饮料瓶6个,两两一对分为三组,分别装入小米、绿豆、玉米粒等做成听音筒;每对小瓶中装相同种类与数量的物品,并在瓶底做相同的标记,如同色的即时贴等。

【操作要点】

(1) 取一个听音筒,在耳边晃动并倾听其发出的声音。

(2) 依次取余下的听音筒,晃动并倾听其发出的声音,与第一个进行比对,声音一样就放到一起,不一样就再次倾听、选择、晃动,直到配对成功。

(3) 三组听音筒都配对成功后,通过瓶底的标记进行检查。

【观察要点】

(1) 观察幼儿能否耐心专注地进行倾听和操作。

(2) 观察幼儿的听觉水平。

【指导建议】

(1) 请幼儿轻轻晃动听音筒,认真倾听其发出的声音。

(2) 幼儿未能配对成功时,要引导幼儿通过反复倾听耐心专注地进行比对,也可以将听音筒减为2组,降低难度。

(3) 可随幼儿能力的提升逐渐增加听音筒的数量。

(4) 可为幼儿提供材料,请幼儿通过自制听音筒探索声音的秘密,激发幼儿对游戏的兴趣。

(山东省淄博市市直机关第三幼儿园　庞海燕)

7. 盒子总动员

【活动目标】

能够根据盒子不同面的大小进行立体拼图,发展空间知觉能力。

【活动准备】

图板(在图板上用即时贴贴出一个不规则图形)(见图 41)，大小、形状各不相同的纸盒，记录表(见图 42)。

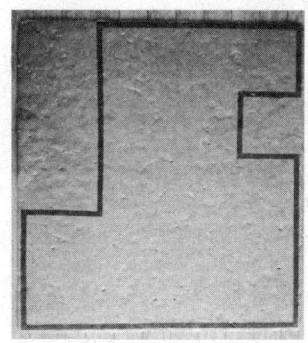
图 41

图 42

【操作要点】

(1) 幼儿自主探索，将不同的纸盒放入图板内。

(2) 看一看：看哪个小朋友可以用纸盒将图板全部填充满，不留空隙。

(3) 数一数，记一记：当图板被纸盒填充满后，引导幼儿数一数共用了多少纸盒，并将所用纸盒的数量填在记录表中。

(4) 比一比：看谁用的盒子最少(最多)。请两名以上幼儿共同游戏，每名幼儿用纸盒把图板填满后都数一数所用盒子的数量，盒子少(多)的获胜。

【观察要点】

重点观察幼儿能否仔细观察，并按照图板上的图形找到盒子最合适的面来完成拼图。

【指导建议】

(1) 引导幼儿按照从图板的一边向另一边或从四周向中间的

顺序拼图。

（2）启发幼儿观察纸盒不同侧面的图形，根据需要选择使用合适的面来拼图。

（3）操作记录表可在后期活动中投放，帮助幼儿统计自己所用盒子的数量，增加游戏的趣味性。

（山东省济南空军蓝天幼儿园　曾梦瑶）

8. 扑克牌游戏（一）：碰炸弹

【活动目标】

培养观察的细致性、准确性，提高观察能力。

【活动准备】

牌面为1—10的扑克牌。

【操作要点】

（1）两人共同游戏，先从牌中抽出一张（两人都不知道牌面）当"炸弹"。

（2）两人轮流摸牌，有数字相同的就取出放到一边，直至摸完。

（3）摸完后，如果两人手中都没有成对的，就轮流互抽对方的牌，每次只抽一张，碰对就放一边，没碰对则留在自己手中，直至手中剩下一张牌。

（4）剩下最后一张牌时，将"炸弹"亮出，与"炸弹"碰则为输。

【观察要点】

观察幼儿是否能准确、快速地找出相同的牌。

【指导建议】

（1）引导幼儿按顺序摸牌，并快速找出相同的扑克牌。

（2）提醒幼儿在最后抽牌环节随时打乱自己牌的顺序，避免对方记住自己的牌。

(3) 最后亮出"炸弹"时，可启发幼儿发出炸弹爆炸的声音，增加游戏的趣味性。

9. 扑克牌游戏（二）：开火车

【活动目标】

培养快速准确的观察能力。

【活动准备】

扑克牌1副。

【操作要点】

(1) 两个或两个以上的小朋友按顺序摸牌，直至牌被摸完。

(2) 将手中的牌保持牌面向下，轮流出牌，每个人只能出自己手中最上面的一张。按照出牌顺序将牌错落排成一列，只要能看到牌面数字就行（见图43）。

图43

(3) 如果幼儿刚出的牌与上面叠起的牌中有相同的牌面,那么两张牌之间的所有牌都归该幼儿所有,该幼儿要将赢得的牌放入自己牌堆的最下面。

(4) 赢牌的幼儿先出牌,直到一个人将另一人手中的牌全部赢去,游戏结束,拥有全部牌的人获胜。

【观察要点】

重点关注幼儿是否能快速、准确地找出相同的牌。

【指导建议】

(1) 引导幼儿在出牌时按顺序摸牌。

(2) 提醒幼儿每次出牌都要快速观察所有牌面中有没有与自己的牌相同的牌面。

(山东省淄博市市直机关第三幼儿园 潘红玉、李欠欠)

10. 健康饮食棋

【活动目标】

能遵守规则,与同伴合作进行游戏,感受棋类活动的乐趣。

【活动准备】

师幼共同制作的"健康饮食棋"(见图44)、骰子、棋子。

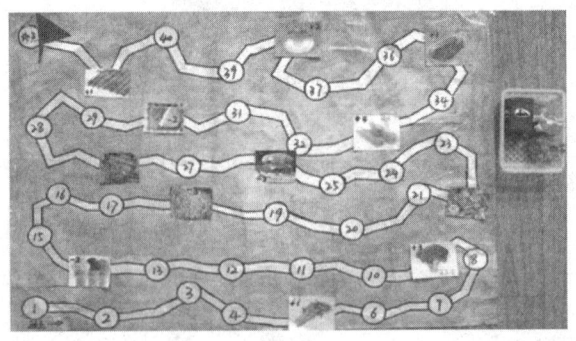

图44

【操作要点】

（1）两（三）名幼儿将选择好的棋子放置到起点处，采用石头剪刀布的方式确定谁先掷骰。

（2）按照骰面上的数字，走相应的步数。如果棋子走到图片处，就要按照图片要求前进或后退若干步。

（3）轮流进行，先到达终点者获胜。

【观察要点】

观察幼儿在游戏过程中与同伴的合作状态是否积极，能否按照游戏规则进行游戏。

【指导建议】

（1）和幼儿一起观察棋盘上的图片，了解哪些是垃圾食品，知道如果棋子落到垃圾食品上会后退相应的步数，落到瓜果蔬菜上则会前进相应的步数。

（2）如果幼儿对规则不清楚，教师可以游戏者的身份参与活动，帮助幼儿熟悉规则。

（山东省枣庄市实验幼儿园　刘坤）

11. 好玩的夹子

【活动目标】

巩固对10以内数量的感知。

【活动准备】

各种各样的夹子若干，画有圆点或写有数字的圆形纸板若干。

【操作要点】

（1）数一数、夹一夹。取画有圆点的圆形纸板，数一数共有几个圆点，就在纸板周围夹上几个夹子；也可以直接取写有数字的纸板，按照纸板上的数字来夹夹子。

(2) 鱼儿排队。将画有 1—10 个圆点的 10 张小纸片用透明胶分别固定在 10 个夹子上，幼儿根据夹子上圆点的数量将夹子由小到大或由大到小一个接一个夹在一起，像鱼儿排队一样。也可请幼儿将所有数量为单数或双数的夹子夹在一起，巩固对单双数的认识。

【观察要点】

观察幼儿数数的水平，比如是逐个按物点数还是能够几个几个数，目测数群的能力是在 3 个以下还是在 5 个左右等，以便了解幼儿的数学水平，进行有针对性的指导。

【指导建议】

(1) 指导幼儿通过按物点数、目测数群等方式感知纸板上圆点的数量。

(2) 操作完后要进行检查。

（山东省潍坊市新华幼儿园　王晓芳）

12. 不一样的小蛇

【活动目标】

练习按规律排序，能自创规律排序。

【活动准备】

各色工字钉；画有蛇形图案的泡沫板若干；模式排序示范卡若干（见图 45）。

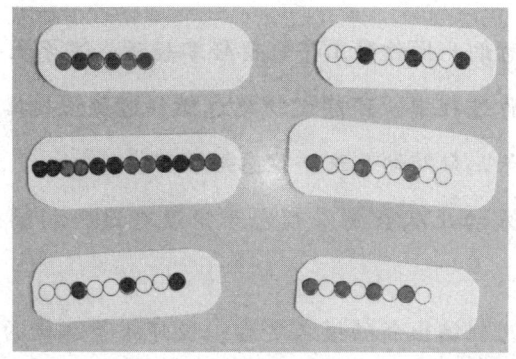

图 45

【操作要点】

（1）幼儿取一张自己喜欢的排序示范卡，按照卡上的规律将工字钉沿小蛇的轮廓线插好（见图46）。

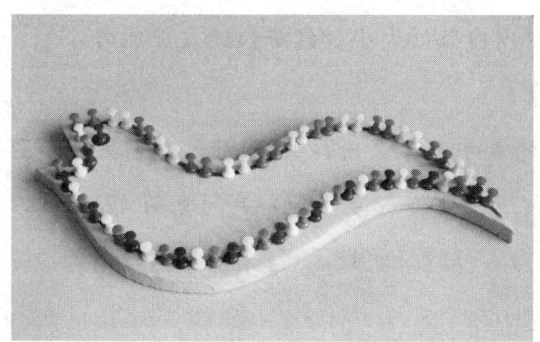

图 46

（2）幼儿自己创编新的模式，摆出一条不一样的小蛇。

（3）由两名或多名幼儿一起玩，每人各取一条泡沫小蛇，同时开始按规律插工字钉，先完成且没有错误者获胜；也可进行创编模式的比赛，看谁能摆出又漂亮又新颖的小蛇。

【观察要点】

重点观察幼儿操作过程中对模式排序的理解与掌握情况。

【指导建议】

(1) 提醒幼儿操作时工字钉要轻拿轻放，避免扎手。

(2) 操作过程中，可建议幼儿边操作边说出规律，如一白一红或红白绿等，帮助幼儿进一步感知规律。

(3) 启发幼儿从数量、颜色等角度考虑，创编出新的模式规律。

(4) 幼儿创编出新的模式之后，教师给予积极的肯定，还可以用相机拍下来，展示到益智区的墙饰中，激发幼儿创编的兴趣。

(山东省淄博市世纪花园幼儿园　董乃凤)

13. 小兔拔萝卜

【活动目标】

比较10以内数的大小，锻炼快速反应能力。

【活动准备】

1—10的数字卡各2份，共20张；小兔拔萝卜图画1幅；橡胶小兔2只；萝卜若干、萝卜地一片（见图47）。

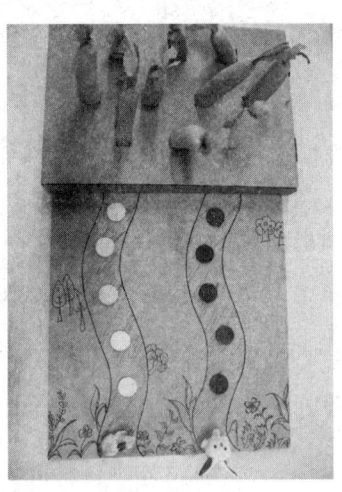

图47

【操作要点】

(1) 两人一组玩游戏，轮流摸卡片，分完卡片后将数字朝下放好。

(2) 游戏开始，两人各自从数字卡中抽出一张比大小，谁的数字大就让自己的小兔往前跳一步。如果一样大，就把卡片放回，重新抽一次。

(3) 看看谁的小兔先到达萝卜地拔萝卜，每次只能拔一根萝卜。

(4) 游戏继续进行，一直到地里的萝卜都被拔完，萝卜多者获胜。

【观察要点】

观察幼儿对10以内数量大小的感知水平以及游戏中遵守规则的情况。

【指导建议】

(1) 引导幼儿理解游戏规则并严格按照规则进行游戏。

(2) 指导幼儿在抽出卡片后，快速判断两个数字的大小。

(3) 还可以将规则调整为"单数跳一步、双数跳两步"，巩固幼儿对单双数的认识。

(山东省淄博市世纪花园幼儿园　周英)

14. 五子棋

【活动目标】

培养观察能力，提高思维的灵活性和敏捷性。

【活动准备】

自制五子棋棋盘（或利用围棋棋盘）和黑白棋子若干。

【操作要点】

（1）玩剪刀石头布的游戏，由赢的一方先选棋子并先下第一颗棋。

（2）双方依次寻找位置出棋。

（3）每人都要尽快把自己的棋子摆成五子相连的一排（横、竖、斜排均可），同时又要尽可能阻断对方的五子连接，最后五子相连排数多者为赢家。

【观察要点】

观察幼儿对棋类游戏的兴趣以及思维的敏捷性与灵活性。

【指导建议】

（1）引导幼儿尽量将棋子先下在中间，然后从四个方向布局。

（2）引导幼儿学会观察全局，针对对方三个相连的棋优先进行堵截。

（山东省潍坊市新华幼儿园　李国宏；指导园长　李振梅）

大班

15. 分类游戏

【活动目标】

能够按照物体的多个特征进行分类，培养观察力、判断力及思维的灵活性。

【活动准备】

不同形状、大小、颜色及质地（如纸质、木质、塑料等）的几何图形板若干，细绳几根。

【操作要点】

（1）两人一起玩，先由1名幼儿将所有图形板取出，观察分析后，确定自己的分类标准，比如按形状分或按颜色分等。注意不能让对方知道自己的标准。

(2) 该幼儿按照 1 个分类标准将图形板分成相应的几组,并用细绳分别将相应的图形板圈到不同的圈中。比如按照大小分,将所有图形板分为大、中、小三组。

(3) 另一名幼儿观察 3 组图形,并根据各组图形的共同特点,判断第一名幼儿的分类标准。猜对了,由这名幼儿来分;猜错了,由第一名幼儿公布答案,并继续用一个新的标准分类,游戏接着进行,直到两名幼儿都想不出新的分类标准为止。

【观察要点】

(1) 关注幼儿能否细致地观察并找到合适的分类标准,然后按照标准准确地分类。

(2) 观察幼儿能否从同伴的分类结果中判断出相应的分类标准。

【指导建议】

(1) 引导幼儿细心地观察每块图形板,找出它们的相同点与不同点。

(2) 启发幼儿尝试从多个角度进行观察,想出更多的分类方法。

(3) 幼儿游戏玩熟练后,可以建议他们尝试进行层级分类,比如先把图形板分成大、中、小三组,再将每组中的图形板分为红、黄、绿三组,还可以再向下分为三角形、正方形、圆形等。

(山东省淄博市市直机关第三幼儿园 王芳)

16. 看谁记得准

【活动目标】

提高记忆的速度和准确性。

【活动准备】

各种塑胶动物玩偶若干。

【操作要点】

(1) 两人一组，一名幼儿将5个动物玩偶排成一排，请另一名幼儿观察一段时间（5～10秒）后背过身去。

(2) 第一名幼儿快速拿走其中1个，请第二名幼儿转身，并快速说出是哪一个小动物不见了。

【观察要点】

观察幼儿的记忆水平及记忆方法。

【指导建议】

游戏的要求可以根据幼儿的能力水平进行调整，比如调整玩偶的总数或者消失的玩偶数量；还可以将要求改为记住玩偶的排列顺序，请幼儿将打乱顺序的玩偶按照刚才的顺序重新排列出来等。

（山东省淄博市张钢幼儿园　刘芳）

17. 自制迷宫

【活动目标】

探索迷宫的基本结构，了解迷宫的特点；尝试设计迷宫，积极参与迷宫游戏，感受集体制作的乐趣。

【活动准备】

迷宫书或迷宫图册；制作迷宫用的纸张、笔、吸管、略硬的细纸条、双面胶、固体胶等。

【操作要点】

(1) 幼儿观察迷宫书上各种迷宫的特点，并试着走一走。

(2) 幼儿自选材料，制作简单的线条迷宫。

(3) 制作好后，试着走一走。

(4) 邀请同伴一起来玩自己制作的迷宫。

【观察要点】

观察幼儿是否掌握了迷宫的基本特点；设计迷宫时的步骤是否合理；设计的迷宫是否成功，是否更有创意。

【指导建议】

(1) 活动前要为幼儿提供多种迷宫游戏，引导幼儿发现各种迷宫的共同点。比如所有的迷宫都要有入口和出口；有一条通路，许多岔路和死路；还有一些障碍物及相关背景等。

(2) 引导幼儿思考：自己要设计一个什么样的迷宫，入口和出口设在哪里，要用什么样的路径来迷惑别人等等。

(3) 可指导幼儿先确定好迷宫的入口和出口，在纸上用线条画出一条通路，再画出几条岔路和死路，然后试着走一走；还可以选择材料（吸管或纸条）沿纸上的线条固定好，做成立体迷宫（见图48）。

(4) 在分享与交流时，可请幼儿向同伴介绍自己的迷宫；还可将幼儿自制的迷宫投放到益智区供其他幼儿游戏。

图48

（山东省淄博市实验幼儿园　李丽）

18. 拼图游戏：垒方块

【活动目标】

通过对俄罗斯方块的排列、组合，提高空间布局能力，发展空间知觉。

【活动准备】

方格板一块，各种俄罗斯方块若干。

【操作要点】

通过移动、旋转和摆放各种方块，使之排列组合成完整的一行或多行，并依次向上无空隙垒高（见图49）。

图49

【观察要点】

重点观察幼儿是否能够选择合适的俄罗斯方块进行排列、组合，使排成的一行或多行是完整的，中间无空隙。

【指导建议】

(1) 方格板上的方格和俄罗斯方块的大小应是一致的，便于摆放时方块与方格板完全吻合。

(2) 俄罗斯方块的颜色可以是多样的。

(3) 应根据幼儿的水平由少到多分层次投放俄罗斯方块。

(4) 可请多名幼儿进行拼摆比赛，看谁垒得又密又高。

（山东省潍坊市奎文区直机关幼儿园　王晓红）

19. 扑克牌游戏：凑数

【活动目标】

巩固数的组成与分解，复习10以内的加法。

【活动准备】

1副扑克牌中所有牌面为1—9的牌，数字在5—10的卡片，抢答铃（可用旧门铃或自行车铃代替）。

【操作要点】

玩法一

(1) 两人轮流摸牌，直至牌被摸完。

(2) 抽一张数字卡片放置在中间（以数字卡片8为例）。

(3) 幼儿分别从自己的牌中选出所有两张牌的数字之和为8的牌，放到自己面前，直至手中没有数字之和为8的牌。

(4) 先摸牌的幼儿抽取对方的牌，再在自己的牌中找一找，看是否有与所抽牌的数字之和是8的牌，若找到就取出放在面前。再由对方抽自己一张牌，依次进行。

(5) 牌先被抽完者为胜者。

玩法二

(1) 选用牌面为1—5的扑克牌，两人轮流摸牌。

(2) 两人各出一张牌，并根据牌面上的数字迅速说出两张牌的和。谁先算出可以按响抢答铃抢答，答对者可将两张牌收归己有，答错了就要归对方所有。

(3) 最后牌多者为胜者。

【观察要点】

(1) 观察幼儿对游戏玩法的掌握及对规则的遵守情况。

(2) 观察幼儿对10以内数字的组成与分解掌握的情况。

【指导建议】

(1) 指导幼儿学习、理解游戏玩法,并按照规则进行游戏。

(2) 可以为幼儿准备订正卡(5—10的分合式),以便于幼儿自我检查。

(山东省淄博市市直机关第三幼儿园　潘红玉、李欠欠)

20. 抢占棋盘

【活动目标】

巩固10以内的加法运算,提高运算能力。

【活动准备】

骰子1个(6个面上分别为数字"1、2、3、4"及2个"5")、黑白围棋棋子各1盒、围棋棋盘1个(取中心线将其一分为二,并做标记)、托盘1个。

【操作要点】

(1) 幼儿两人一组进行游戏,将盛有棋盘、棋子、骰子的托盘取出,把棋盘等物品放于地垫上。

(2) 两名幼儿以剪刀石头布的形式决定掷骰子的先后顺序,两人轮流掷骰子。

(3) 每人掷2次骰子,记住每次掷的点数,将两次的点数相加作为自己取棋子的数量。边数边取出棋子,把棋子摆放在自己一方的棋盘位置。

(4) 游戏进行多次后,先把自己一方的棋盘占满者即为胜者。

(5) 操作结束后,将物品分类整理并物归原处。

【观察要点】

观察幼儿是否能按游戏规则进行游戏,是否能准确而快速地进行 10 以内的加法。

【指导建议】

(1) 指导幼儿明确并遵守游戏规则。

(2) 游戏进行一段时间后,可以根据幼儿的能力水平适当增加游戏难度,比如可以改为减法游戏,用投掷出的大数减去小数,然后在棋盘上摆出两者之间的差等。

(山东省淄博市市直机关第二幼儿园　张帅)

21. 打开密码箱

【活动目标】

练习 10 以内的加减运算,提高运算速度和能力。

【活动准备】

密码题卡若干(见下表);用行李箱上的密码锁锁住的密码箱(小盒子)1 个,里面装上幼儿喜欢的小礼物若干,如小贴画等。

密码	5 + 3	3 + 4	9 - 7	6 - 5	1 + 5	3 + 6
破译结果						

【操作要点】

(1) 幼儿取一张密码题卡,逐一破译密码(根据题卡上的算式算出得数),在空格处填上相应的数字。

(2) 幼儿根据自己破译的密码来开锁,若破译正确锁就能被打开,锁打不开则表示密码有误,需逐个检查纠正后再试。

（3）密码锁被打开后，幼儿可从密码箱中选一个小礼物以作为奖励。

【观察要点】

（1）观察幼儿计算的速度和准确性。

（2）观察幼儿能否意识到一个得数可能对应着多个算式。

【指导建议】

（1）引导幼儿发现并积累能够迅速、准确地破译密码的好方法。比如，一定要看清加减符号；如有相同的算式只需算一次；遇到1个小数和1个大数相加时，用大数加小数会算得更快等。

（2）要指导幼儿学会开密码锁的方法。

（3）幼儿游戏玩熟练后，可以引导他们两人一起玩：一名幼儿负责设计密码题卡（即先想出一组数字，写在一张小纸条上，注意不能让同伴看到，再根据数字，用列算式的方式设计出密码），另一名幼儿针对同伴设计的密码进行"破译"，并由密码设计者检查确认，然后共同开启密码锁。之后，两人都可以从密码箱中选择一个小礼物。

（山东省淄博市世纪花园幼儿园　周英）

22. 玩转多功能数学箱

【活动目标】

通过拼、摆、插、绕、转的操作活动，丰富数的组成、加减运算等方面的数学知识和经验，发展初步的逻辑思维能力。

【活动准备】

教师自制五面操作箱（见图50）、数字卡片若干、10以内加减算式、蘑菇钉、动物卡片、橡皮筋、由瓶盖制作的可活动数字等。

图 50

【操作要点】

(1) 练习10以内数字的分解、组合：幼儿随意根据数字拼摆分合算式，也可以按规律进行分合拼摆练习（见图51）。

(2) 进行数量对应练习：在数字格子里按上相对应数量的彩钉（见图52）。

(3) 10以内的加减运算练习：大数字为得数，幼儿将算式计算后放在相应的得数旁边（见图53）。

(4) 数字与图形的对应练习：转动转盘，将数字与图形对应拼到一个框内（图54）。

(5) 图形操作训练：以彩钉为支撑点，用橡皮筋拉出三角形、正方形、梯形、长方形等（见图55）。

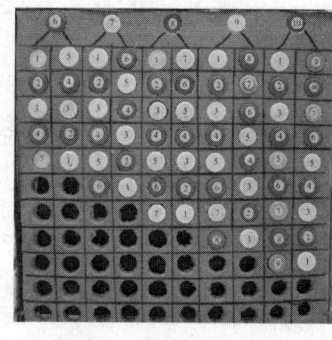

图 51

图 52

图 53

图 54

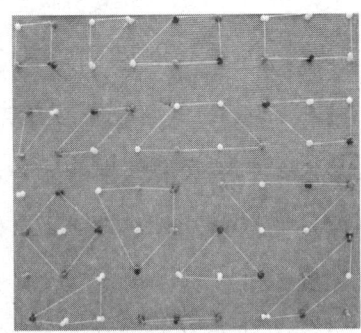

图 55

【观察要点】

观察幼儿是否根据游戏规则进行操作；观察幼儿与同伴之间的合作情况。

【指导建议】

（1）在第一个操作活动中，引导幼儿观察并找到数字分合的规律。

（2）在第二个操作活动中，为提高幼儿操作的兴趣，可适当将彩钉更换为动物卡片、图形卡片等进行数与量的对应练习。

（3）在第三个操作活动中，观察幼儿的操作水平，逐渐加大算式的难度，可提供减法运算等。

（4）可投放11—20的数字及图形到第四个操作活动中。

(5) 在第五个操作活动中,引导幼儿尝试操作图形分割游戏。比如"正方形从中间分开会有什么变化?""你还会怎样分?""其他图形呢?"

(山东省潍坊市奎文区直机关幼儿园　刘爱玲;
指导园长　王静)

23. 我给新车上牌照

【活动目标】

探索数字排列的简易方法,体验数字变化的奥秘。

【活动准备】

车牌号码袋(每个信封中装有4个塑料数字)若干;车牌模板(写有"鲁C"的纸条)若干。

【操作要点】

(1) 幼儿任取一个车牌号码袋,将4个数字取出进行排列组合并将各种不同的组合记录下来,分别写到车牌模板上。需要注意的是,所写的车牌不能有重复。

(2) 写好后认真检查,数一数自己能用这4个数字为几辆新车上牌照。

【观察要点】

观察幼儿是否对数字排列感兴趣;是否能发现重复的排列;对排列方法及规律的掌握情况如何。

【指导建议】

(1) 在幼儿用4个数字进行排列时,可提醒幼儿思考用什么办法能够又快又准确地将所有排列方式找出来。比如,可以随意排出一个顺序"2386",先将"2"保持不动,依次变化后面3个数的位置,找出所有的排列方式;再把顺序调整为"3862",同样的方法,将"3"保持不动,依次变化后面3个数的位置,找出所有的排列方式;再把顺序调整为"8623"和"6238",找出所有的排列方式(总共24种)。

(2) 关键不在于幼儿是否能将24种排列方式全部找出来,而在于幼儿对数字排列的兴趣和进一步探索的欲望以及对方法的探索。

(3) 视幼儿的能力情况,可将数字减少到3个或增加到5个,还可以引导幼儿去发现自己家车牌上的秘密,比如"鲁"、"C"以及其他英文及数字的意义。

(山东省淄博市市直机关第三幼儿园 孙爱芹)

24. 好玩的磁力棒

【活动目标】

进行平面图形和立体图形的建构,巩固对各种形体的认识,发展空间知觉。

【活动准备】

智力玩具磁力棒,各种示范卡。

【操作要点】

(1) 幼儿从示范卡中选择喜欢的平面图形或立体图形,仔细观察,寻找规律。

(2) 对照图形卡进行拼接、建构。

(3) 完成后,再次对照图形卡检查拼图是否正确。

(4) 可以与同伴一起说一说自己的作品都用到了哪些形体。

【观察要点】

观察幼儿能否看懂示范卡上的拼接方法,并在实际操作中熟练地运用。

【指导建议】

（1）当幼儿按示范卡操作出现困难时，可提醒幼儿仔细观察卡上的图案，也可请同伴或老师帮忙。

（2）有针对性地帮助幼儿解决建构中的难点，如架空、围合、多角度连接等。

（3）在幼儿按照示范卡操作熟练后，可鼓励他们自由建构，并将富有创意的作品拍照放到益智区的墙饰中展出（见图56），供幼儿相互分享与交流。

（4）还可以指导幼儿利用磁力棒的特点制作一些可以活动的小玩具（见图57）。

图56

图57

（山东省淄博市世纪花园幼儿园　只青）

25. 挑棍儿

【活动目标】

发展手眼协调能力、观察力、判断力以及小肌肉的控制能力。

【活动准备】

红色、蓝色的小棍儿（竹制的、木制的均可）若干，金色小棍儿1根。

【操作要点】

(1) 两人或两人以上一组，以石头剪刀布来决定谁先玩。

(2) 先玩的幼儿握紧所有小棍儿并竖放在桌上，松手后任小棍儿随意散开。

(3) 先拿没交叉在一起的小棍儿，最后拿只交叉一点或较容易拿取的小棍儿。

(4) 拿到金色的小棍儿后，可用它来轻轻挑出其他小棍儿。

(5) 拿的过程中如果触动了其他小棍儿，则由下一个幼儿接着玩。

(6) 下一个幼儿利用剩下的小棍儿重复上述玩法，游戏反复进行直到小棍儿全部被拿完为止，小棍儿多的幼儿为胜者。

【观察要点】

关注幼儿能否仔细观察并根据实际情况选择合适的方法拿取小棍儿。

【指导建议】

(1) 引导幼儿仔细观察交叉在一起的小棍儿，准确判断哪些小棍儿是可以拿走的。

(2) 启发幼儿用捏、挑、抽、拖等方法来完成游戏。

(3) 最后环节还可以改为根据不同颜色的小棍儿计算分数（如红色小棍儿得1分，蓝色小棍儿得2分），得分高者获胜。

(山东省淄博市市直机关第三幼儿园　李茜)

26. 小猫钓大鱼

【活动目标】

练习10以内的加减运算，提高运算能力和专注力。

【活动准备】

用废旧材料制作的钓鱼竿；数字1—10卡片；10以内加减算式卡片若干（见图58）。

图58

【操作要点】

（1）钓鱼比赛一：两名幼儿同时进行钓鱼比赛，直至所有的鱼都被钓完，谁钓的小鱼最多而且算式的正确率最高为赢家。

（2）钓鱼比赛二：游戏可分为两组进行，两人一组合作钓鱼，直至所有的鱼都被钓完，最早完成钓鱼任务且正确率高的一组为赢家。

（3）玩"找一找"游戏。提问："9的鱼竿上能钓到几条小鱼？"引导幼儿找出得数是9的不同算式，数一数9有几道加法算式、几道减法算式。

【观察要点】

重点观察幼儿是否按规则进行操作，以及幼儿之间相互合作的情况。

【指导建议】

(1) 鱼钩处有弯钩，小鱼嘴巴处有毛绳，钓鱼时引导幼儿将带有算式的小鱼挂到相应的鱼竿上。

(2) 投放算式时要遵循从易到难的原则，让幼儿在游戏的过程中体验到成功感，提升幼儿的口算能力及反应能力。

(3) 指导幼儿正确区分加、减法时，教师可以采用平行介入的方式与幼儿一起玩游戏。

(山东省潍坊市奎文区直机关幼儿园　贺晴晴；

指导园长　杨树友)

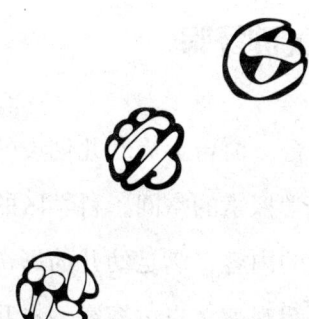

一、活动内容与关键经验

科学区是指在班级活动室内或阳台、窗台上为幼儿创设的可以自由进行实验操作、感知观察和科学探索的空间。科学区的创建可以丰富幼儿室内区域活动和游戏的内容，满足幼儿的好奇心和爱摆弄物体的愿望，给幼儿一个自我观察、自主探究、自我学习以及和同伴进行合作游戏的机会，而且还可以美化活动室，使其更有生机。

幼儿园科学区一般分为两部分：一是布置在阳台、窗台或者向阳的位置，以种植饲养为主要内容的自然角；一是布置在班级活动室内，以实验操作等探究活动为主要内容的探索发现区。

（一）活动内容

科学区活动内容非常丰富，大致可以分为以下五类：

1. 观察和种植植物

（1）种植可以在室内或阳台上生长的各种花卉或绿叶植物，如绿萝、云竹等，让幼儿观察、比较植物的外形特征，了解其生长过程，参与照料植物。

（2）选择幼儿比较熟悉的种子在适合的季节播种，如玉米、花生、黄豆等。每人一个盒子或碗，种上几粒种子，让幼儿观察种子的发芽过程，等到苗长到10厘米左右的时候就可以移植到户外种植园地。

（3）泡养植物。用水泡养大蒜、葱头、白菜心、萝卜头、土豆块、红薯块、黄豆、绿豆等，观察其发芽与生长，或者用水泡养富贵竹、柳条等；也可以用营养液泡养植物，让幼儿简单了解营养液的作用;还可以进行土养植物与水泡养植物的对比实验与观察。

(4) 植物的观察与实验。无论是在室内还是室外生长的植物,都会成为幼儿关注的对象,教师可以有目的地组织幼儿进行观察记录,或者进行一系列的植物实验活动,如种子发芽的条件的对比实验、植物茎输送水的实验、植物生长需要阳光的对比实验等。

2. 观察和饲养动物

饲养小鸟、蚕、菜青虫、蚂蚁、蝌蚪、乌龟、金鱼等小动物,请幼儿参与管理,给小动物清扫窝笼、喂食等,并观察小动物的外形特征、生活习性以及生长发育全过程。

3. 操作各种材料,进行探究性实验

幼儿有好奇心,喜欢摆弄物体,有强烈的探究欲望,所以针对各种物体和现象的实验操作活动是他们最喜欢的活动。幼儿园科学区的实验操作活动涉及水和沙、空气与风、声音、电和磁、光与影、平衡和力等内容,如纸的吸水性的对比实验操作、颜色的变化的实验操作、摩擦力与运动速度的对比实验、小灯泡亮了的实验操作等。

4. 布置展览

(1) 实物展览:树叶展览、粮食展览、水果展览、种子展览等。

(2) 标本展览:昆虫标本展、家禽标本展、鸟类标本展等。

(3) 图片展览:花卉图片展、野生动物图片展、奇特的树图片展、海洋生物图片展、旅游图片展等。

5. 记录与交流

无论是观察活动还是实验操作活动,教师都应该提供纸和笔,供幼儿记录。有时,教师可以在记录单上为幼儿设计简便易行的

表格，以便于幼儿进行有效的记录。

交流有助于幼儿回顾自己的观察、实验操作过程，整理自己零碎的感性经验。幼儿交流时可以三三两两自由进行，也可以在教师的引导下进行小组或集体交流。交流过程中，教师一方面应注重经验的整理与提升，另一方面应该注重问题的发现与思考，关注幼儿在区域活动过程中遭遇的困难或出现的共性问题，以问题引导交流，会使交流活动更有实效。

（二）各年龄段关键经验

关键经验	小班	中班	大班
探究兴趣	对科学区的动植物和材料好奇，喜欢问问题，愿意摆弄物品和材料	能关注到自然角动植物的变化；常常动手动脑探索物体和材料，并乐在其中	对自己感兴趣的事物喜欢刨根问底；能主动探索寻找问题的答案，并享受发现的乐趣
种植与饲养	辅助教师种植和饲养几种常见植物和小动物，能注意并发现动植物的多样性	愿意参与自然角的种植饲养活动，会使用常用工具；能感知和发现动植物的生长变化	能主动参与照料自然角动植物的活动；能察觉到动植物的外形特征、习性与生存环境的适应关系
操作与实验	能用多种感官或动作去探索物体，关注动作所产生的结果	喜欢大胆猜测，并能通过实验操作活动进行验证；能感知和发现简单的物理现象，如物体形态或位置变化等	喜欢动手操作，能发现问题、提出问题；能选择自己的方法验证猜想；能探究发现常见物体的结构与功能之间的关系；能探索并发现常见的物理现象产生的条件或影响因素，如影子、沉浮等

续表

关键经验	小班	中班	大班
观察与记录	对感兴趣的动植物能仔细观察，发现其明显的特征	能对自然角的动植物进行比较观察，发现其异同，并用绘画、表格、简单符号等进行记录	能通过观察、比较与分析发现自然角动植物的特征，细致观察到其前后的变化；能用数字、图画、图表、符号等多种方式进行记录
表达与交流	在教师的引导下，能用较完整的语言表达观察和操作的结果	愿意用语言或图画、符号等表达观察和操作实验获得的信息，在交流中提升经验	能描述探究过程与结果，愿意和他人合作与交流，享受合作与交流的乐趣

二、活动的一般流程

科学区活动是一种相对自由、自主的活动形式，一般不强调固定程序，但幼儿从选区进区到操作材料直至最后活动结束，还是会有一个相对稳定的流程。

1. 认识新材料或新玩法，了解活动要求

科学区的活动属于自主性探究与学习的范畴，所以需要幼儿的已有经验作为支撑。教师投放在科学区的材料不仅要符合幼儿的兴趣和需要，能唤起幼儿探究的欲望，而且要具有可操作性、变化性、挑战性，能引发幼儿持续的探究活动。比如，科学区投放的大大小小各种形状的磁铁，与不同的材料组合可以引发多种类型的探究活动。

每当科学区投放新材料时，教师应该在活动前向幼儿介绍，简单说明其名称和使用方法，尤其是注意事项和安全操作要求。如果在教学活动中已经使用过此材料了，幼儿比较熟悉，就不需

要进行材料推介，但可以在活动前或者活动后的交流环节组织幼儿交流新玩法和面对新挑战的解决方法。

科学区的操作材料不像角色区的材料那样可以随意使用、任意混搭，每种材料一般都有较明确的操作要求，也不可以随意混合起来使用，所以活动前幼儿应该明确科学区活动的基本要求，遵守活动区的规则。

2. 选择活动材料，明确活动内容

科学区的材料一般都有较确定的操作步骤和方法，选择科学区的幼儿进入区域之后会自主选择自己喜欢的材料进行操作。有些幼儿材料进入科学区后可能会犹豫不决，也可能会茫然不知如何选择和操作，这属于正常现象，尤其是对于刚刚开放科学区的班级。教师需要耐心观察幼儿，根据具体情况决定是否需要给予幼儿帮助和引导。

有些幼儿可能在选择材料方面没问题，但不能专注、深入地进行探究活动，每种材料都是浅尝辄止，对此，教师也要耐心等待，再确定是否需要指导。幼儿对材料的认识需要一个过程，需要一个从量变到质变的过程。况且，幼儿间彼此个性不一样、已有经验不一样、认知兴趣和特点不一样，所以，在面对材料时必然会呈现不一样的状态。

3. 观察、操作与实验过程

选择材料之后的实际操作阶段是幼儿投入兴趣和专注力的时期。无论是种植活动、饲养活动还是观察活动、实验操作活动，都是最有意义的实践活动，是幼儿最感兴趣的活动。这个过程的关键是操作的动作所引发的结果（或操作对象的变化）能引起幼儿持续的探究兴趣，给予幼儿发现的喜悦和满足感。

4. 整理材料

区域活动结束时,科学区的材料必须按要求物归原处。有序整理材料对幼儿来讲不仅仅是常规要求,更重要的是一种自我管理、良好习惯养成的途径。对于年龄小一点的幼儿,教师可以协助或带领他们一起整理材料,而大一点的幼儿应该能够自觉、自主地做好活动之后的材料整理工作。

5. 记录与交流

教师应该在科学区投放纸和笔,鼓励幼儿随时记录自己观察到的植物生长状况、动物的变化或者实验操作的过程和结果。记录有助于幼儿更细致地观察物体,关注其变化,也有助于幼儿积累经验、提升经验。当然,记录也会成为幼儿相互交流、得出结论的依据,有助于幼儿科学态度的养成。

区域活动之后的交流,可以让幼儿把操作过程和结果进行梳理,有助于幼儿思维能力和表达能力的发展;交流的过程也是相互分享彼此的经验,丰富和拓展自己视野的过程;如果教师可以抓住交流的过程引导幼儿发现问题,分享解决问题的智慧,会更有助于幼儿的全面发展。

三、评价的一般要点

对于科学区的评价,一般可以从区域环境的创设、区域中的幼儿、区域中的教师三个方面入手。

1. 区域环境的创设

(1)科学区的空间布局是否科学、合理,有助于幼儿探究活动的开展。

(2)科学区的材料是否丰富、操作性强,是否有序、有层次地投放，能引发幼儿的科学探究活动。

（3）科学区的墙饰是否能支持、引领幼儿的探究活动，有效地与幼儿互动。

2. 区域中的幼儿

（1）是否专注地投入探究活动，兴趣浓厚。

（2）能否自主地选择和使用材料进行有目的的探究。

（3）是否具有较高的探究能力。

（4）能否运用多种手段和方法进行记录与表达。

（5）是否具备较好的规则意识与能力。

3. 区域中的教师

（1）能否有意识地观察幼儿的探究活动，敏锐地发现存在的问题。

（2）能否根据观察有效地、及时地指导幼儿的探究活动，指导适时、适度、适宜。

（3）能否对幼儿活动的状况进行引领性评价，关注个体差异。

（4）能否及时地对科学区活动进行反思和调整。

附：评价表

科学区评价表

幼儿园：_____　　班级：_____　　时间：_____

一级评价指标	二级评价指标		标准分	得分
区域环境的创设 30分	空间布局 10分	是否具有向阳处的自然角，室内是否具有独立、安静的探索发现空间	4	
		是否临近水源、光源及电源，便于幼儿实验	3	
		是否有方便的材料储存空间和足够的操作桌面	3	

续表

科学区

一级评价指标	二级评价指标		标准分	得分
区域环境的创设 30分	材料投放 15分	材料是否能物化科学教育的目标和内容	5	
		材料的数量、种类是否充足，能满足幼儿的好奇心和科学探究的兴趣	5	
		是否有助于幼儿自主操作和持续地探究	3	
		是否配备了纸、笔等工具，以便于幼儿观察记录	2	
	区域墙饰 5分	墙面环境是否可以为探究活动提供必要的示范、提示、引领的支持，能引发幼儿与之互动	5	
区域中的幼儿 40分	探究兴趣与专注力 10分	是否对科学区材料有探究兴趣	5	
		在活动中是否专注	5	
	材料的选择与使用 10分	能否有目的、自主地选择材料	3	
		能否按规范操作材料	4	
		能否创造性地使用材料解决问题	3	
	探究能力 10分	能否发现问题，提出问题	2	
		能否做出合理的猜想，提出假设	3	
		能否运用比较、观察、实验、操作等方法进行验证	3	
		能否通过验证得出正确的结论	2	
	记录与表达 5分	能否运用符号、图画、图表等各种方式进行记录	2	
		能否运用记录进行交流，表达是否清晰准确	3	
	规则意识与能力 5分	能否自觉地遵守区域活动规则，不打打闹闹	5	

续表

一级评价指标	二级评价指标		标准分	得分
区域中的教师 30 分	对幼儿的观察 5 分	能否对幼儿的探究进行细致的观察并敏锐地发现幼儿活动中的问题	3	
		能否主动做好观察记录	2	
	对幼儿的指导 10 分	指导时机是否适宜	3	
		指导的方式方法是否适宜，以有效地促进幼儿的探究	7	
	对幼儿的评价 5 分	评价是否具有针对性，能关注幼儿的个体差异，具有支持和引领作用	5	
	反思与调整 10 分	能否经常自觉地进行区域环境的反思，反思是否深入	5	
		能否根据观察和反思对区域环境和指导进行不断的调整	5	
总分				

评价者：_____

四、问题与对策

1. 科学区可以和益智区合在一起吗？小班也必须有科学区吗？

科学区的活动有些属于游戏活动，有些属于自主学习活动，从本质上讲，是让幼儿从生动有趣的操作活动中增进知识、发展智能，它和智力游戏的本质极为相似。所以，在幼儿园的实践中，如果班级空间充足、材料丰富，可以单设科学区；如果空间有限、材料一般，也可以把科学区的材料放在益智区，作为益智区的一部分。同样的道理也适合数学区。

一般来讲，小班不需要特设科学区。小班若投放一部分镜子、万花筒、色卡等材料，可以放在益智区或者发现区。若有条件，室内可以为小班幼儿专设一个沙水区，玩沙、玩水是小班幼儿最喜欢的活动，也是很有价值的科学探究活动。

2. 在科学区投放材料时应注意些什么？

对幼儿来讲，材料既是引发他们主动探究的刺激物，又是他们实现主动建构对周围物质世界的认识的中介和桥梁，所以，科学区材料的投放需要教师认真研究和思考，尤其要注意以下几个问题：

- 材料物化着幼儿发展的目标和内容；
- 能引起幼儿探究的兴趣，操作性强；
- 材料易促进主客体的相互作用；
- 材料数量充足，至少能满足3～6人操作活动的需要；
- 材料可以随时扩展和增加，有多种组合的可能；
- 材料安全，无毒、无害、无危险。

3. 在科学区同一时间段应该提供一种活动内容的材料还是多种活动内容的材料？

在科学区投放的材料可以跟着主题教学的内容走，依据教学活动内容扩展材料投放，比如中班在进行磁铁的教学活动之前或之后，可以在科学区投放与磁铁相关的各种材料，满足幼儿探索的需要。教师也可以根据幼儿的阶段性兴趣投放，但一次投放的材料不宜多而杂乱，小班一般2～3种，中、大班一般2～5种即可。材料的种类太多，容易导致幼儿的活动失去指向性，出现仅仅玩材料而不是探索材料或利用材料和工具进行科学探究的问题。

教师还要注意,在科学区投放的同种类的材料应该多一些,一方面避免幼儿争抢材料,另一方面有利于幼儿同时进行实验操作,相互分享与交流发现的结果。比如磁铁有 5～10 块,用磁铁探索的材料 1～3 筐;放大镜 2～5 个,用放大镜观察的物品 5～10 件。

4. 科学区的材料准备起来很麻烦,一旦准备好了,就希望幼儿能长时间喜欢玩,如何让材料持久地吸引幼儿进行探究呢?

科学区的材料基本可以分为两部分:一部分是可以长期进行探索的材料和工具,如放大镜、万花筒、各种镜子、磁铁、手电筒、陀螺等,因为这些材料可以不断地与不同的材料组合玩,比如手电筒可以拆装,可以照不同的东西;磁铁可以吸各种各样的材料;放大镜可以用来照各种东西等等。所以,不同的幼儿玩会有不一样的发现和玩法,同一个幼儿玩,也可以每次玩出不一样的花样。这样的材料想持续吸引幼儿比较简单,教师只需要根据幼儿的阶段性兴趣调整和丰富辅助材料即可。比如,这周与放大镜组合的材料可以是缩得很小的画面,请幼儿找找上面有什么小动物、有几个等等;下周可以投放很小很小的几何图形图案,请幼儿用放大镜找出来,并记录找到几个三角形、几个正方形等;之后,还可以继续变化,这样幼儿就会持续地关注放大镜,兴致不减。

科学区中还有些材料很难让幼儿持续地进行探索,这类材料的探究价值点很明确,继续挖掘比较难,一般投放两三周,每个幼儿操作 1～2 次就可以撤换了。比如,在空气有助于燃烧的实验中,教师一般提供 2～3 支蜡烛,用 2～3 个大小不同的玻璃瓶子覆盖,看哪个瓶子里的蜡烛最后熄灭。一般幼儿操作一次就能看到结果,再操作一次进行验证也就差不多了。有的教师期待通过这个实验让幼儿一直兴趣盎然地去发现我们生活周围空气的秘密，持续地进行探究，这不太现实。

5. 在科学区活动时，幼儿经常会频繁地更换材料，怎样让幼儿对一种活动进行较深入、持久的探究呢？

在很多幼儿园的科学区都会出现幼儿频繁调换操作材料的现象。比如，某个幼儿找到"小灯泡亮起来"的操作盘，将电池、电线、小灯泡连接起来，只花了2~3分钟的时间就完成了操作，于是他放下这个材料，转身又去取其他的材料，这次他玩的是潜水艇沉浮的材料，操作几次之后，他又去换材料了。幼儿为什么频繁地调换材料呢？究其原因，可能是幼儿对材料已经很熟悉，操作技能很熟练，材料对幼儿已经没有了挑战性，而他又不知道还有其他玩法，或者说盘子里没有材料可以支持他继续探索有挑战性的玩法。那么，如何让幼儿对一种活动材料进行持续的、较为深入的探究呢？

科学区的材料应该按难易程度进行区分。教师应按层次投放材料，根据幼儿的经验、兴趣和能力变化不断丰富材料，增添操作内容，增加操作层次。

比如，在"小灯泡亮起来"的活动中，如果幼儿已经能够熟练操作让小灯泡亮起来，教师就可以在墙壁上呈现操作示意图，增加操作盘里的材料，让每个操作盘不仅有3~4节电池，还有3~4个小灯泡、3~4节电线，让幼儿不仅能完成让一个小灯泡亮起来的操作任务，还能完成让小灯泡更亮、给小灯泡加开关、让更多的小灯泡亮起来的任务，同时还可以增加记录纸，让幼儿边操作边记录。

在沉浮实验操作中，如果幼儿已经可以操作并区分沉和浮的材料，接下来就可以增加那些沉浮并不确定的材料，如矿泉水瓶子、易拉罐、小药盒等。空的盒子和装有水的盒子沉浮状态是不一样的，里面的装水量不一样，沉浮状态也不一样。接下来还可以继续增加橡皮泥等材料，让幼儿尝试制作不沉的橡皮泥小船，等到幼儿能够让橡皮泥小船不沉之后，可以继续增加雪花片或小玩具等材料，看谁的小船最厉害，可以装载更多的东西而不沉，并记录下来，相信每天都会有幼儿对这个数量进行挑战。这样，就能引导幼儿对这个内容进行持续的探究，降低幼儿更换材料的频率。

6. 科学区的材料必须进行推介吗？推介方式有哪些？

因为科学区的材料物化着科学探究的目标和内容，一般都有明确的操作程序和要求，还因为担心安全问题，所以教师会在区域活动之前向幼儿介绍材料的操作方法，明确操作的具体要求，但不是所有的材料都必须经过推介才能投放。比如，关于手电筒的拆装活动，教师可以让幼儿知道科学区投放了手电筒，但电池怎么装才能亮，教师不需要讲，请幼儿自己尝试可能会更好一些。科学区的很多探究活动像沉浮、力的平衡、磁铁、声音等，都可以让幼儿先自主探究，再通过分享与交流帮助幼儿梳理操作过程和结果，分享彼此创造性解决问题的办法。

科学区的材料如果需要推介，可以选择以下几种方法：

（1）讲解与演示，即教师在区域活动之前边演示材料操作方法边讲解操作步骤，提示幼儿注意事项。

（2）讲一半遮一半，即教师在区域活动之前演示或讲解区域材料的操作方法，但仅仅讲一部分或提示一种方法，其余的由幼儿自主探究，教师的讲解或演示仅仅起到启发或提示的作用。

（3）请幼儿示范，即在呈现某些活动材料后请幼儿观察、思考，如果有的幼儿有想法，可以请他来给大家演示材料的用法，这也是一种示范。

(4) 步骤图示，即教师可以把某些活动材料的操作方法用图示的方法贴在科学区墙面上，请幼儿自己遵照图示步骤或要求进行操作。

(5) 任务引领的自我探究发现，即投放材料之后，教师可以向幼儿提出任务，鼓励幼儿自己去尝试，去发现。

7. 如何提高幼儿参与科学区活动的兴趣？

科学区活动不像角色游戏、建构游戏那么富有变化，也不像美工区活动那么富有创造性和自我满足感，所以可能会有部分幼儿很少选择，或者即使选择去科学区玩，也是浅尝辄止，摆弄几下就走。

下面几种方法也许可以帮助教师巧妙地提高幼儿参与科学区活动的兴趣：

(1) 玩具和材料是最能吸引幼儿的东西，所以教师应该根据幼儿近期的兴趣点投放材料，操作技能要求不要太高，材料要富有变化。

(2) 区域活动前重点推介科学区，会吸引更多的幼儿选择科学区。

(3) 教师适度陪伴科学区的幼儿，可能会吸引幼儿选择科学区并持续地进行探究活动。

(4) 可以在科学区投放一份全班幼儿名单，每次幼儿进科学区活动，就在自己的名字旁画个对钩或贴个小粘贴，这样既能吸引幼儿选择科学区活动，又有助于教师了解全班幼儿的选区情况。

8. 科学区活动一定要做记录吗？

科学区一定要投放记录用的纸和笔，或者教师设计好的记录表、记录单等，无论是种植饲养活动、观察活动还是实验操作活动,都应该鼓励幼儿记录,记录有助于幼儿细致地观察,有助于幼儿有目的地进行实验操作,也有助于幼儿收集探究活动信息,得出合理的结论,养成良好的科学态度。但是,这并不意味着科学区所有的探究活动都需要做记录,有些探究活动游戏成分居多,如玩陀螺、玩色、吹泡泡、玩万花筒等,幼儿会反复玩,不需要每次都记录;有些探究活动操作性很强,如拆装手电筒、小灯泡亮了、制作不倒翁、制作弹簧玩具等,也不需要都做记录……有时候过分强调记录会降低活动的趣味性,也会妨碍幼儿反复操作,所以,教师应该根据实际情况,灵活调整对幼儿记录的要求。

记录只是手段,不应该为记录而让幼儿记录。激发幼儿的探究兴趣、提高幼儿的探究能力、丰富幼儿的探究经验才是幼儿园科学活动的最终目的。

9. 应该如何看待科学区活动与主题活动的关系?如何挖掘主题中的科学探究内容,丰富科学区材料的投放?

现阶段,大多数幼儿园都选择了主题课程的模式,在主题课程的设计中,有机地把健康、语言、社会、科学、艺术领域发展的目标融合在一起,这样的课程编排方式符合幼儿的学习特点。但很显然,在主题课程中,每个领域教学的系统性会被弱化,领域之间的均衡性也会有所不同,有些主题可能会偏重艺术领域,有些主题可能会偏重社会领域,有些主题可能会偏重语言领域……

每个主题目标的实现通常需要教学活动、区域活动、游戏活动、户外活动、生活活动、家园共育活动等多种方式的活动。其中,区域活动在主题活动中的作用越来越被广大幼儿教育工作者认可,但这并不意味着所有的区域活动都必须变成主题课程的一部分,都必须吻合主题的发展目标。科学区的材料有一部分可能来源于主题，属于主题背景下的区域活动材料，还有一部分可能与主题关系并不密切，只是幼儿感兴趣的活动材料。

如果某些主题中科学探究的内容少，教师更应该主动补充和丰富科学区的活动内容，以均衡幼儿的发展目标。很多时候，科学活动内容更容易拓展成为独立的主题。比如，关于沉浮，从横向上讲，可以不断地提供各种物质材料让幼儿探究，从幼儿身边常见的材料拓展到生活中可以遇到的各种材料；从纵向上讲，可以先探究材料本身的沉和浮，接下来是材料本身的变化导致的沉和浮的变化（如橡皮泥），然后探索如何利用辅助材料改变物体的沉浮状态（如何让沉下去的东西浮起来，如何让浮起来的东西沉下去）……探究材料不断丰富，探究主题也越来越深入，越来越丰满。

10. 现在很多幼儿园的自然角设置缺少目的性，流于形式，无法真正与幼儿互动起来。那么如何发挥自然角的价值，让自然角的材料"活"起来呢？

自然角的动植物确实可以美化活动室，让活动室更有生机，但自然角的价值并不仅仅是具有美化的功能，更重要的是它为幼儿提供了一个亲近自然，更方便地进行科学探究的场所，所以，在自然角除了种植一部分适合室内生长的植物，饲养适合室内生长的小动物外，更重要的是提供以下材料，以利于幼儿参与观察和种植饲养活动：

- 种植饲养用的小型劳动工具；
- 观察记录用的放大镜、纸、笔、测量工具等。

为激发幼儿对自然角活动的关注，教师还可以经常组织以下几种活动：

- "我的发现"、"我的问题"交流活动;
- 观察记录交流和展示活动;
- 与植物有关的实验活动(见前面的活动内容);
- 每人一株植物,自己栽种,自己管理,贴好名字;
- 室内自然角植物移植户外的活动。

五、活动案例

1. 滑动与滚动

【活动目标】

对比观察不同物体的滚动和滑动现象。

【活动准备】

上端、前端、左右两端部位抠出圆洞的纸箱,透明圆筒、盘子、圆球、圆柱、圆扣子、瓶盖等物品(见图59)。

图59

【操作要点】

(1) 幼儿自己选择安装下滑通道,确定通道方向。

(2) 选择不同的物体进行探索实验,看看哪种物体是滚动下来的，哪种物体是滑动下来的。

【观察要点】

重点观察幼儿是否不断地选择不同的物体进行操作，能否从对比中观察到因为外形上的不同出现了滚动、滑动的不同现象。

【指导建议】

（1）建议幼儿自己安装通道，可以设计多种不同倾斜度或弯度的通道进行操作（见图60）。

图60

（2）在尝试用不同物体进行实验时，引导幼儿对比观察不同的物体下滑的方式，提问：它是怎样下来的？是滑动还是滚动？

（3）引导幼儿将能滚动和滑动的物体，通过操作进行分类。鼓励幼儿相互交流自己的发现，引导幼儿发现并思考为什么这些物体可以滚动，那些物体却是滑动的。

（4）可以提供不同高度的纸箱2～3个，引导幼儿进行对比观察，看物体滚动或滑动的速度是否一样。

（山东省商务厅幼儿园　孙凯）

2. 看一看，真奇妙

【活动目标】

能感知并观察到色彩的有趣与奇妙的变化。

【活动准备】

红色、绿色、蓝色等各种颜色的色卡纸，自制有各种图画的底板。

【操作要点】

(1) 观察底板上有哪些有趣的图画（见图61）。

(2) 任意选择一种颜色的色卡纸覆盖在这些图画上面，探索发现这些图画发生了哪些奇妙的变化（见图62）。

(3) 将用色卡纸覆盖后找到的图案记录下来，看看谁找到的多。

图61

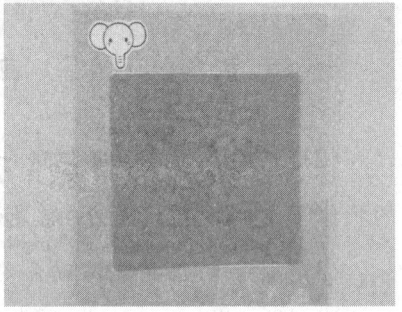
图62

【观察要点】

重点观察幼儿能否选择各种色卡纸进行对比观察，并辨析出不同的物体。

【指导建议】

(1) 可结合数量、形状等特点引导幼儿关注图片内容的相同与不同。

(2) 逐渐增加黄色、蓝色、绿色等多种颜色的色卡纸，引导幼儿对比观察，不断进行自主探索、发现。

（山东省商务厅幼儿园　于佳）

3. 听一听，连一连

【活动目标】

能运用听觉感知、辨别不同物体的声音。

【活动准备】

将易拉罐包装变成不同的小动物形象，每一种易拉罐装有一种不同的物品，如豆子、沙子、水、石头、铃铛等；自制连线图（见图63）。

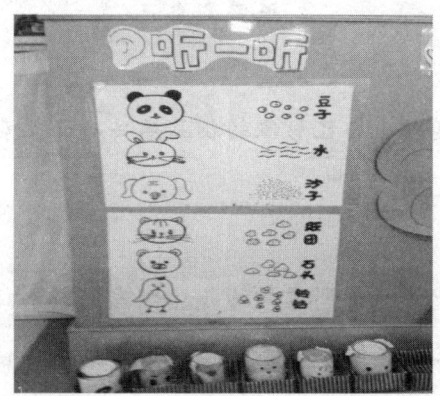

图63

【操作要点】

(1) 选择喜欢的小动物罐子摇晃，听一听，辨别是什么物品发出的声音。

(2) 在连线图上找出相应的物品，与小动物图案对应，进行连线游戏。

【观察要点】

重点观察幼儿能否运用听觉进行辨析，能否从对比中察觉到声音的不同。

【指导建议】

(1) 建议初次游戏时以3种物品为一组进行比较，辨析声音的不同。

(2) 逐步加大难度，从3种物品逐步增加到6种不同的物品，声音差别也越来越小，引导幼儿认真地进行听觉辨析。

(3) 装饰罐的小动物形象以及连线图中小动物的位置也可以不断变化，以吸引幼儿持续地游戏。

(山东省商务厅幼儿园　于佳)

4. 照照我自己

【活动目标】

对生活中能照出自己影像的物品感兴趣，探索自己的影像在不同物体上的变化。

【活动准备】

(1) 生活中能照出影像的物品，如能把影像放大的不锈钢饭盒盖等；把影像倒立的不锈钢勺子、不锈钢碗等；把影像变细长的不锈钢铲子、炒勺等（见图64）。

图64

(2) 不能照出影像的物品，如纸、塑料袋、塑料玩具等。

【操作要点】

(1) 幼儿看一看、说一说都有哪些物品，猜猜哪些物品能照出自己的影像。

(2) 选择喜欢的物品照一照自己，观察是否能照出自己的影像（见图 65）。

(3) 将能照出影像的物品与不能照出影像的物品进行分类。

(4) 观察照出自己影像的变化，如变形、变瘦、变大、倒立等。

图 65

【观察要点】

重点观察幼儿能否仔细观察，发现物品上自己影像的不同变化。

【指导建议】

(1) 建议初次游戏时投放照出不同影像的两种类型的材料，引导幼儿对比观察。

(2) 逐步加大难度，从两种类型逐步增加到四种类型，引导幼儿发现自己的影像在不同物品上的变化。

(3) 引导幼儿发现自己的影像在同种物品的不同位置上的

变化。

(4) 观察的物品也可以不断变化，可让幼儿到教室里寻找能照出自己影像的物品，吸引幼儿不断地探索。

（山东省商务厅幼儿园　宫晓萍）

5. 弹珠宝宝找家

【活动目标】

尝试通过晃动瓶子控制弹珠的滚动和下落，提高手眼协调能力和动作的控制力，体验游戏的快乐。

【活动准备】

(1) 教师将每个饮料瓶裁切成3段，并把切好的饮料瓶放置在卡纸上，用铅笔描绘出瓶子的边缘。

(2) 沿线将卡纸剪下，用卡纸做几个放在瓶子之间的隔板，并在隔板上裁切出一个能够让弹珠通过的小洞。注意：小洞的大小要比弹珠稍微大一点。

(3) 在瓶子底部放入几个弹珠，将做好的隔板安装在饮料瓶的切口处。放隔板时尽量让每个小洞的位置与下面一层不一样。

(4) 用即时贴将饮料瓶的每一段都粘贴固定（见图66）。

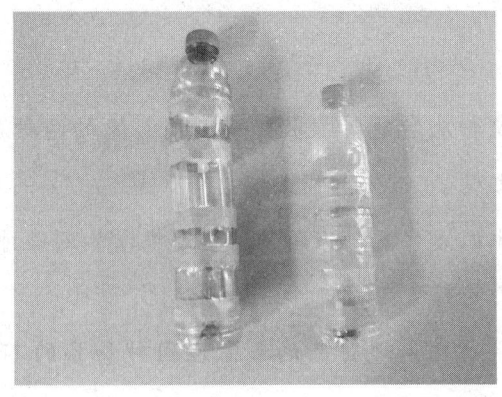

图66

【操作要点】

（1）通过左右晃动瓶子控制小球滚动，让小球从隔板的小洞层层落下。

（2）当小球到达瓶盖时，可以将瓶子倒置，让小球再次回到底部，反复玩。

【观察要点】

注意观察幼儿能否通过晃动让所有小球都回到底部，是有意识控制还是随意晃动。

【指导建议】

（1）开始时可以投放一些隔断少的、孔大一些的瓶子，也可以少放弹珠，这样操作起来比较容易，幼儿能尽快体验成功的乐趣，激发游戏的兴趣。

（2）当幼儿操作熟练后，可以在隔断上做两个或几个小洞，有的小洞是比弹珠小的，弹珠无法通过，以增加游戏的难度。

（3）在幼儿玩一段时间后，可以请两名或多名幼儿进行比赛，看看谁的弹珠落得快，增加游戏的趣味性。

（山东省淄博市市直机关第二幼儿园　丁晓青）

6. 敲敲打打好声音

【活动目标】

能对提供的材料进行观察比较，通过敲敲打打发现声音的不同，体验自制乐器的快乐。

【活动准备】

（1）A类材料：奶粉桶、蛋白粉桶、饼干桶等各种大小不同的罐桶；筷子；记录纸和笔。

（2）B类材料：相同大小的透明玻璃瓶7个；不同颜色的水若干；筷子；记录纸和笔。

（3）C类材料：大小相同的酸奶瓶；大小不同的豆类或材质不同的填充物，如棉花、泡沫球、弹珠等；记录纸和笔。

（4）自制乐器的简单步骤图。

【操作要点】

（1）请幼儿敲打A类材料中各种罐桶类材料，发现声音的不同并用自己的方式做简单的记录，表示音高和音低。

（2）根据声音的高低，对材料进行排列。

（3）运用各种罐桶自制打击乐器，和同伴分享演奏的经验。

（4）根据幼儿的兴趣，陆续投放B类和C类材料，鼓励幼儿根据自制乐器的步骤图大胆尝试，制作出更多有趣的打击乐器。

【观察要点】

重点观察幼儿对声音的关注，观察幼儿能否通过敲打辨别声音的高低与材料的大小、多少以及材质等因素的关系。

【指导建议】

（1）在幼儿敲打材料前，让幼儿明确操作的目的，可以有效地避免幼儿盲目地敲打，进一步引发幼儿探究的兴趣。

（2）在记录音高和音低的过程中，鼓励幼儿大胆地用自己的方式进行记录，并与同伴分享与交流。

（3）关于B类和C类材料，可以根据幼儿的年龄和兴趣选择性投放或分层次投放。

（4）指导幼儿关注声音的高低与材料的关系，感知不同材质的声音的不同，辨别同种材质的材料因为里面装的材料不同、数量不同，发出的声音也不同。

（山东省东营市胜利油田胜南机厂幼儿园　李玉华）

7. 小水滴在干啥

【活动目标】

对比观察水、油、蜂蜜、咖啡等滴在不同纸上的变化。

【活动准备】

各种不同质地的纸张，如铝箔纸、塑料包装纸、打印纸、蜡纸、报纸、纸巾等若干；水、胶皮滴管、放大镜、塑料小棒；油、蜂蜜、咖啡等各一小份。

【操作要点】

(1) 用胶皮滴管在铝箔纸上滴一滴水，观察水滴在铝箔纸上是什么样子，用塑料小棒在水滴边缘划动，观察其变化并尝试将水滴从一处推移到另一处，或尝试将许多小水滴聚成水堆。

(2) 自由选择其他质地的纸张，观察在不同的纸面上水滴的不同现象。

(3) 自由选择油、蜂蜜、咖啡等液体，滴在打印纸上并观察其变化。

(4) 用各种液体的"水滴"在同一材质的纸上画画，观察哪种液滴干得快，哪种干得慢。

(5) 过一段时间后继续观察，看看液滴发生了哪些变化。

【观察要点】

重点观察幼儿选择材料进行实验操作的过程；观察幼儿是否喜欢选择多种纸进行操作，能否从对比中观察到实验结果的不同。

【指导建议】

(1) 可以提示幼儿使用放大镜观察，使幼儿萌发像科学家那样进行探索的兴趣。

(2) 在尝试用不同液滴实验时，引导幼儿对比观察不同液滴的边缘及中间部分，提问：谁的边缘是圆的？谁的中间是鼓的？液滴的样子一样吗？你能滴出一样的液滴吗？

(3) 将纸张粘贴在区域的墙面上或装订成册，鼓励幼儿相互交流自己的发现，教师也可以帮助幼儿用拍照的方法将探究过程记录下来。

(4) 提醒幼儿实验过后继续观察不同液滴在纸面上的变化，帮助幼儿感知了解实验需要持续的观察。比如：谁的颜色发生了改变？不同的液滴滴在纸上之后，纸有什么变化？

(山东省济南市育贤第一幼儿园　李静)

8. 瓶中取物

【活动目标】

尝试利用磁力的穿透性取出瓶中的物体，提高解决问题的能力，体验玩磁铁的乐趣。

【活动准备】

多块磁铁，里面装有铁钉或曲别针的矿泉水瓶子，筷子、勺子、绳子等。

【操作要点】

(1) 尝试选用各种工具，看看能否取出瓶中的物品，要求不能歪倒瓶子。

(2) 用磁铁来帮忙，看怎样可以取出瓶子里的物品，主要解决瓶颈处的难题。

【观察要点】

观察幼儿用了几种方法取出瓶中的物品，是如何利用磁铁的穿透性进行取物的。

【指导建议】

（1）重点指导幼儿在只用磁铁的情况下，如何取出瓶中的物品。

（2）指导幼儿在瓶口处用两块磁铁接力的方式取出物品。

（3）瓶子的深度可以逐步变化，开始时选用直直的纸杯或玻璃杯，慢慢增加杯子的高度，并增加像矿泉水瓶子那样瓶口有变化的瓶子。

（山东省德州市跃华学校幼儿园　张新）

9. 吸起来

【活动目标】

尝试让磁铁吸起非铁制品，提高动手动脑解决问题的能力；尝试让磁铁吸起更多的铁钉，感知磁化现象。

【活动准备】

磁铁；硬币、钥匙、铁钉、曲别针等铁制品；塑料小瓶、纸片、小雪花片、皮筋、毛线绳等非铁制品。

【操作要点】

（1）自主选取材料，探索磁铁能吸哪些材料，然后把所有材料按照能否被磁铁吸起来分成两部分。

（2）尝试利用各种方法让磁铁吸起刚才吸不起来的那部分材料。比如把纸片别在曲别针上，就能被一起吸起来。

（3）尝试用一块磁铁吸起更多的铁钉，比比谁的磁铁吸得更多。（磁铁吸起铁钉时，铁钉会被磁化，也会具有一定的磁性，所以，也会吸起其他的铁钉来。）

【观察要点】

观察幼儿对磁铁操作是否感兴趣；关注幼儿的操作探索方法；观察幼儿是否具有解决问题的多种思路。

【指导建议】

(1) 鼓励幼儿尽可能尝试各种物品，感知磁铁具有能吸起铁制品的特性。

(2) 鼓励幼儿动脑筋想办法，让磁铁吸起各种不能被吸起来的物品。如果幼儿开始时感觉有难度，教师可以示范一种方法，也可以组织幼儿共同讨论。

(3) 让磁铁吸起更多的铁钉，教师可以设计成比赛活动，也可以设计一个记录表放在科学区，让每个幼儿把自己吸起来的铁钉数量记下来，其他人可以来进行擂台赛。

（山东省济南市七贤实验幼儿园　丁文）

10. 粘在墙上的塑料膜（气球）

【活动目标】

通过实验操作感知摩擦产生静电的现象。

【活动准备】

塑料膜一小块、丝绸手绢一块、气球若干。

【操作要点】

(1) 粘在墙上的塑料膜。

①把塑料膜平铺在墙上。

②用手绢迅速地在塑料膜上摩擦几下，手松开后，塑料膜就像粘在墙上一样掉不下来了。

③掀起塑料膜的一角，然后松开手，被掀起的一角还会被墙壁再吸回去。

④把塑料膜慢慢地从墙上揭下来，仔细倾听塑料膜与墙壁之间的静电的声音。

(2) 粘在墙上的气球。

①试试看能否把气球粘在墙上。

②把气球放在手绢上摩擦几下,再看看气球能否粘在墙上。

③几个幼儿一起玩,看看谁的气球粘在墙上的时间最长。

④在自己的衣服、头上轻轻摩擦气球,看看是否也能让气球粘在墙上。

【观察要点】

观察幼儿怎样操作,看他们能否观察到塑料膜和气球带电前后的变化,感知静电现象,并有兴趣尝试更多的物体,探索它们是否也可以摩擦起电。

【指导建议】

(1) 塑料膜和气球在实验前不能带有静电。

(2) 指导幼儿用手绢在塑料膜和气球上摩擦时速度要快。

(3) 请幼儿试一试,还有什么物品用摩擦起电的方法也能够粘贴在墙上。

(4) 引导幼儿注意观察塑料膜和气球带电前后的变化,以及把塑料膜从墙上揭下来时发出的静电的声音。

(山东省淄博市市直机关第二幼儿园　张海燕)

11. 有趣的射水瓶

【活动目标】

在玩水过程中观察瓶身小孔中水流的不同。

【活动准备】

大盆、水;瓶身有一个孔、两个孔和多个孔的矿泉水瓶,数量多于幼儿人数。

【操作要点】

(1) 用瓶身有一个孔的瓶子装水,观察水是怎样流出瓶子的。

用手挤压瓶身，看看水流是否有变化。

（2）选择瓶身有多个孔的瓶子，观察在装水时会发生什么情况。装满后，观察水是怎样从小孔中射出来的。

（3）观察比较上下两个小孔里射出来的水一样吗，哪个小孔射出的水更远一些。

（4）尝试将小孔堵住，观察有什么现象发生。

【观察要点】

重点观察幼儿是否喜欢选择多种瓶子进行操作，能否从对比中观察到实验结果的不同。

【指导建议】

（1）引导幼儿尝试用不同的瓶子玩水，观察比较瓶身孔的多少在装水时有什么不同。

（2）引导幼儿观察瓶身有多个孔的瓶子，比较孔的高低与水射出的远近，引导幼儿反复尝试并思考。

（山东省潍坊市新华幼儿园　纪敬东、徐国青）

12. 橡皮泥小船

【活动目标】

探索如何让橡皮泥制作的小船浮在水面上，并尝试载重。

【活动准备】

鱼缸或水盆、橡皮泥、小动物砝码或雪花片、记录单。

【操作要点】

（1）幼儿自主探索制作橡皮泥小船。

（2）比比看谁的橡皮泥小船能浮在水上不沉。

（3）往小船上增加砝码或雪花片，看看谁的橡皮泥小船最厉害，可以承载更多的砝码而不沉，并记录下来。谁的小船最厉害，谁就是擂主。

(4) 鼓励别的幼儿尝试挑战擂主，争取让自己的橡皮泥小船承载更多的砝码。

【观察要点】

重点观察幼儿能否理解船中空的原理并做到四周挡水，使小船在水面上飘浮得更久。

【指导建议】

(1) 建议有层次、递进地引导幼儿进行探索。先研究怎样让橡皮泥浮起来，让幼儿理解中空的物体容易浮起来，再逐一解决小船四周挡水的问题，最后再提出载重的问题。

(2) 可创设不同的情境，激发幼儿的探索兴趣，比如帮助小熊过河，帮助小鸡到小鸭子家做客等等。

(3) 可设置挑战擂主记录表，比比谁做的橡皮泥小船载重最大，以鼓励幼儿不断尝试，保持探究活动的不断深入和区域活动的持续性。

(山东省商务厅幼儿园 李超)

13. 不湿的纸船

【活动目标】

尝试探索让纸做的小船不湿不沉的方法。

【活动准备】

大盆、水、各种质地的纸、蜡笔、水彩笔。

【操作要点】

(1) 用各种质地的纸折叠小船，放在水中，看看小船是否会吸水沉入水中。对比实验，看看哪种纸做的小船不容易吸水，不会沉入水中。

(2) 用吸水的纸再做一只小船，尝试用蜡笔涂满底部，再放入水中，看是否能较长时间不吸水而浮在水面上。

(3) 对比用蜡笔涂的纸船和用水彩笔涂的纸船，看哪一种能成功地让纸船不吸水，较长时间地停留在水面上。

【观察要点】

重点观察幼儿是否主动尝试不同质地的纸船以及底部涂满蜡和水彩的纸船，对比观察其在水中的状况。

【指导建议】

(1) 指导幼儿观察（看看、摸摸）吸水的纸和不吸水的纸有什么不同，从而理解在纸船底部涂上一层防水的蜡就会避免纸船吸水沉底。

(2) 指导幼儿在吸水的纸船底部分别涂满蜡和水彩，对比观察其放入水中的不同结果。

（山东省济南市七贤实验幼儿园　丁文）

14. 好玩的管子

【活动目标】

探究直管、弯管和三通管子的特点，尝试用弯管连接成长长的管子并让物体通过。

【活动准备】

PVC直管、弯管若干，三通管若干（见图67）；石头、小球、小玩具等各种材料若干。

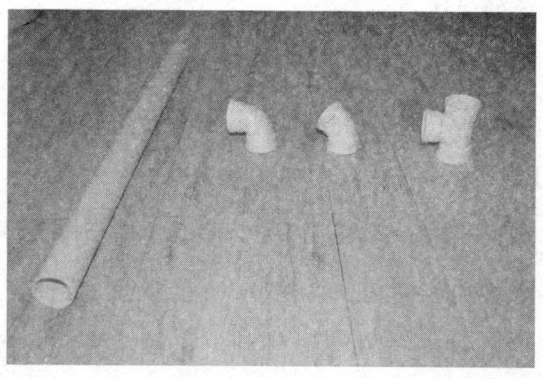

图 67

【操作要点】

(1) 自由选取材料,尝试让不同的材料通过直管。

(2) 探索物体如何通过弯管和三通管,观察物体滚动方向的改变。

(3) 尝试用弯管和三通管把直管连接成长长的管道,再探索如何让物体穿过(见图68)。

图 68

【观察要点】

(1) 关注幼儿对弯管的探究,观察幼儿能否合作用弯管将管子连接成长长的管道。

(2) 观察幼儿是否积极地探究三通管的特点。

(3) 观察幼儿是否具有解决问题的多种思路。

【指导建议】

(1) 注意引导幼儿观察弯管和三通管的区别，并观察物体通过弯管和三通管时滚动方向的改变。

(2) 可以随时更换为其他材料，让幼儿尝试如何让它通过弯管。

(3) 鼓励幼儿合作运用弯管进行连接，如果幼儿选择三通管，注意与弯管进行对比。

(4) 鼓励幼儿动脑筋想办法让小球通过长长的管道，感受游戏的快乐。

(山东省淄博市儿童活动中心幼儿园　史潇娜)

15. 找平衡

【活动目标】

探索物体一侧的重量发生变化，支撑点的位置随之有规律地发生变化。

【活动准备】

圆柱体、直尺、插塑玩具、双面胶、小粘贴。

【操作要点】

(1) 取一把直尺放到圆柱体上，寻找支撑点，并用小粘贴标示出来（见图69）。

(2) 在直尺的一端用双面胶固定好插塑，试验直尺是否仍然能在原有的支撑点被小柱顶住，猜想原因。

(3) 重新寻找带有一个插塑体的直尺的支撑点，用小粘贴标示出来，并写上数字"1"，代表插塑的数量。

（4）依次增加插塑的数量，寻找不同的支撑点，并在表示支撑点位置的小粘贴上标示相应的数字（见图70）。

（5）继续操作直至支撑点的位置随插塑数量的增加移动到其下方。

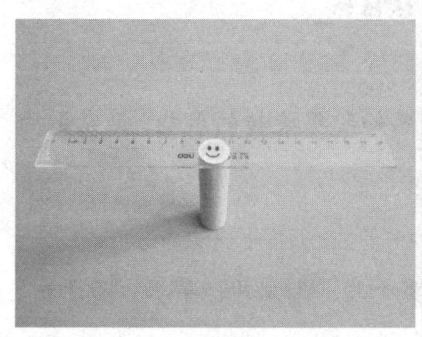
图69

图70

【观察要点】

重点观察幼儿增加插塑时如何寻找支撑点的实验操作过程，看幼儿能否从实验结果中发现支撑点位置移动的规律。

【指导建议】

（1）选用透明直尺，引导幼儿能准确地用小粘贴标示出支撑点的位置。

（2）小粘贴是纯色的，以便于书写数字表示插塑的数量。

（3）圆柱体（支撑物）的粗细要适宜，使用过粗的材料容易干扰幼儿的实验结果。

（4）在尝试寻找带有不同数量插塑体直尺的支撑点时，引导幼儿依次增加插塑的数量，以便幼儿发现支撑点移动的规律。

（5）如幼儿不会书写数字，可以提醒幼儿尝试用圆点或竖线等符号来表示相应的数量。

（6）提醒幼儿实验过后观察直尺上数字的排列规律，即随着插塑数量的增加，支撑点的位置离插塑也越来越近。

（山东省潍坊市奎文区直机关幼儿园　林丽燕；指导园长　项敏）

16. 陀螺转转转

【活动目标】

学习用各种材料制作陀螺，感知陀螺旋转的乐趣；探究影响陀螺转动的相关因素。

【活动准备】

不同形状的纸片、火柴棒、萝卜片、土豆片、苹果、茄子等。

【操作要点】

（1）自制陀螺：提供圆形、三角形、正方形的陀螺面，请幼儿自选材料自制陀螺，然后玩一玩、比一比，看哪种形状的陀螺转的时间更长些。

（2）哪个陀螺转得好：提供中心点位置不一样的两个陀螺（一个轴心在中心点，一个轴心不在中心点），请幼儿试一试、比一比，看哪种陀螺更容易转动起来，转动的时间更长些。

（3）奇异陀螺大赛：幼儿自选用萝卜、茄子、苹果等蔬菜或水果切成的圆片，插上牙签，做成一个蔬菜或水果陀螺，看看哪一种陀螺转动得最好。

（4）变色陀螺：请幼儿用多种色彩自由装饰陀螺面，观察陀螺旋转时，陀螺面颜色及图案的变化。

【观察要点】

观察幼儿是否愿意选择多种材料自制陀螺，并能专注地进行实验操作，以探究什么样的陀螺转动得最好。

【指导建议】

（1）引导幼儿关注陀螺面的形状以及陀螺旋转和中心点的关系。

（2）引导幼儿关注支点与地面的距离对陀螺转动的影响。

（3）支持和鼓励幼儿在操作中积极寻找解决问题的答案。

（4）鼓励幼儿根据自己的观察和发现与小伙伴进行沟通交流。

（山东省济南市育贤第一幼儿园　马晓童）

17. 好玩的镜子

【活动目标】

用镜子照一照、比一比，探索镜子成像的规律；观察物体在两面镜子中成像的变化，感知镜子折射的神奇。

【活动准备】

镜子若干、图片、小玩具等。

【操作要点】

（1）幼儿自由摆弄镜子，感知镜子中的自己。

（2）在单面镜子前放一个小玩具，比较观察镜子中的图像与真实图像的区别：上下不变，左右互换。

（3）将小玩具放在呈一定角度摆放的两面镜子前，观察镜子中的成像；继续改变两面镜子的角度，观察镜子中成像的变化。

【观察要点】

观察幼儿对镜子的探究兴趣以及对镜子成像现象的理解。

【指导建议】

（1）如果班级有比较大的镜子，可以请幼儿经常照照自己，观察镜子中的自己。

(2) 先让两面镜子成一字形摆放，再变化其位置成不同角度，引导幼儿观察中间小玩具成像的变化。

（山东省枣庄市实验幼儿园　陈妍婷）

18. 顶顶乐

【活动目标】

利用生活中的各种材料动手操作，感知物体的重心与平衡的现象，体验成功顶起东西的乐趣。

【活动准备】

纸盒、塑料小筐子、不同形状的积木；支撑台柱（尖顶）、自制天平等。

【操作要点】

(1) 把不同形状的积木或者小物体放到自制天平两边的托盘上，寻找平衡。

(2) 取一物体放置在支撑台柱的顶端，不断改变物体的位置，直到物体平稳地放在柱子顶端为止。

(3) 把不同的物体顶在一根手指上，寻找物体的平衡。

【观察要点】

观察幼儿操作时能否灵活地进行调整，能否关注到物体平衡的影响因素。

【指导建议】

(1) 在进行台式天平平衡探索时，指导幼儿探索大积木和小积木个数的关系，或者不同材质的物体之间的比较。

(2) 在进行支撑台柱平衡和手指上平衡的探索时，引导幼儿观察形状规则的物体与不规则的物体平衡点的不同：一般规则的物体，其平衡点在物体的中间；而不规则的物体平衡点则不一定，需要慢慢探索。

(山东省文登市教育实验幼儿园 刘颖慧)

19. 顶纸板

【活动目标】

探索用不同的材料顶起不同形状的纸板,感知物体的平衡。

【活动准备】

圆形、正方形和不规则形状的纸板若干,纸筒芯、胶棒、铅笔若干。

【操作要点】

(1) 尝试用纸筒芯、胶棒、铅笔顶圆形、正方形纸板玩,感知不同粗细的材料顶起纸板的难易程度不同,接触面越大越容易顶起来。

(2) 自由选择各种不规则形状的纸板,探索顶纸板的方法,感知物体的平衡。

【观察要点】

观察幼儿是否愿意尝试用接触面越来越小的物体来顶纸板,失败后是否愿意继续尝试,直到成功。

【指导建议】

(1) 在尝试用不同的材料顶纸板时,引导幼儿要有耐心,操作时保持平稳和安静。

(2) 鼓励幼儿探索纸板的平衡点:一般形状规则的纸板的平衡点在中间,而形状不规则的纸板其平衡点位置不定,需要慢慢探索。

(3) 引导幼儿逐步加大难度,从用接触面大的到用接触面小的材料来顶纸板,操作过程中鼓励幼儿勇于尝试,寻找方法,体验成功。

(山东省潍坊市昌邑市实验幼儿园　张彦卿)

20. 气球飞出来

【活动目标】

探索用不同的方式产生的风力大小是不一样的,感知空气的流动产生风,而风能把气球吹出通道。

【活动准备】

(1) 自制通道:油桶3个,清洁干净后剪切掉顶部和底座,固定连接成透明通道,固定在纸盒上方。

(2) 自制底座:大纸盒一个,上方挖出一个与通道直径相同的圆,正前方切割出"小门"的形状,纸盒侧面挖出不同图形的"窗户"。

(3) 实验材料:气球、扇子、硬纸板等(见图71)。

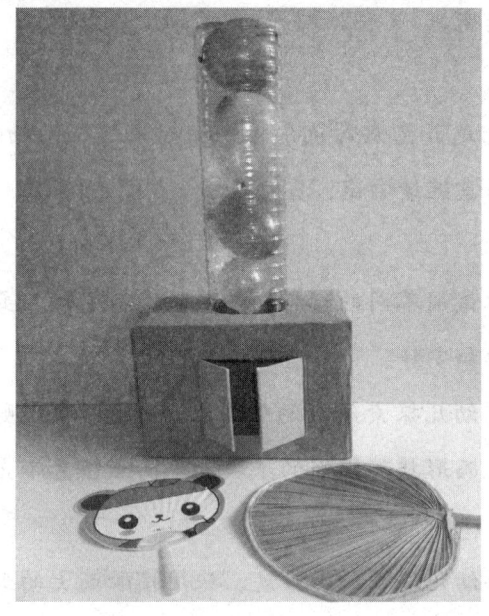

图71

【操作要点】

（1）把气球依次放入通道内（根据通道的高度决定放置气球的数量），打开底座纸盒的"小门"，用扇子对着"小门"的位置，用力扇动，观察通道里面气球的运动轨迹（结果是气球慢慢地向上运动并飞出去）。

（2）比比看谁能用最快的速度让所有的气球都飞出来。

【观察要点】

观察幼儿在实验操作的过程中选用了哪些材料，采用了哪些方法来帮助通道里面的气球飞起来。

【指导建议】

（1）引导幼儿在操作的过程中，尝试把不同形状的"窗户"堵上或敞开，观察操作结果有什么不同。

（2）指导幼儿尝试用不同的方式产生风，如用嘴吹、用扇子扇等，并观察不同方式产生风的大小及气球的运动情况。

（山东省济南市二机床集团公司幼儿园　李征）

21. 看谁滚得远

【活动目标】

探索感知物体的滚动速度与摩擦力、斜坡角度和物体重量的关系。

【活动准备】

自制坡道，装不同量的水和沙子的矿泉水瓶子若干。

【操作要点】

（1）将装相同量的水的两个瓶子分别置于坡度相同但表面一个光滑、一个粗糙的坡道上，看哪个瓶子滚动得更远。

（2）将装相同量的水的两个瓶子分别置于坡度不同但表面光

滑度相同的坡道上，看哪个瓶子滚动得更远。

（3）将两个装有不同水量的瓶子分别置于坡度和表面光滑度相同的坡道上，看哪个瓶子滚动得更远。

（4）将同一刻度的两个瓶子一个装沙子、一个装水分别置于坡度、表面光滑度相同的坡道上，看哪个瓶子滚动得更远。

【观察要点】

关注幼儿的实验过程以及记录的方式，适时地给予指导。

【指导建议】

（1）帮助幼儿了解坡道的玩法，鼓励幼儿大胆表述自己的实验过程及发现。对于幼儿的发现，教师要给予积极的应答。

（2）可提供尺子、绳子等材料让幼儿进行自然测量，并随时对实验结果进行记录。

（3）鼓励幼儿小组合作进行实验操作。

（山东省济南市二机床集团公司幼儿园　叶庆洽）

22. 花开了

【活动目标】

探索不同材质的纸张吸水性不一样，所以"花"开的速度也不同。

【活动准备】

不同材质的纸张若干、水盆、剪刀、观察记录表、笔、秒表等。

【操作要点】

（1）自制不同材质的花朵。

①用不同材质的纸张剪贴出平面的花朵形状。

②将小花的花瓣向花心折叠，制作成含苞待放的花朵。

(2) 几名幼儿一起将花朵放到盛有水的盆中,观察不同的小花花瓣张开的快慢。

(3) 将观察到的结果记在记录表上。为了使实验记录更加精准、直观,可以借助秒表进行计时记录。

【观察要点】

(1) 观察幼儿制作的花朵材料是否有差别,放花的时间是否一致。

(2) 观察幼儿是否会使用秒表以及能否正确地使用记录表进行记录。

【指导建议】

(1) 纸张种类要丰富且具有明显不同的实验效果。

(2) 提前为幼儿准备干净的擦桌布、垃圾筐等,提示幼儿不要把水洒到外面。

(山东省济南市二机床集团有限公司幼儿园 张庆娟)

23. 神奇的拱形桥

【活动目标】

操作感知不同桥面的承重能力的差异。

【活动准备】

用卡纸做的直桥、拱形桥各一座,小积木或插塑片若干,记录表。

【操作要点】

(1) 请幼儿猜想直桥和拱形桥哪座桥放的小积木会多一些,并做记录。

(2) 在直桥上放小积木,直到桥变形,看能放几块并做记录。

(3) 在拱形桥上放小积木,直到桥变形,看能放几块并做记录。

（4）运用记录表进行比较，看看哪种桥承重力大。

（5）鼓励幼儿尝试其他纸桥的设计和制作，看看能否比拱形桥更厉害。

【观察要点】

观察幼儿是否选用一样的纸制作纸桥，是否愿意尝试更多的纸桥设计，实验操作的过程与记录是否认真细致。

【指导建议】

（1）制作直桥和拱形桥时用同样宽、同样长的相同卡纸，不需要辅助材料。

（2）可以用塑料花片或硬币代替小积木。

（3）放积木时提醒幼儿要小心翼翼、轻拿轻放，否则会影响实验结果。

（4）鼓励幼儿尝试更多的桥的设计和制作，比较哪种桥承重力大一些。

（山东省淄博市市直机关第二幼儿园　刘晓静）

24. 会变化的影子

【活动目标】

探索光与影子的关系，初步感知影子变化的规律。

【活动准备】

纸箱神秘屋，手电筒，套娃一套，各种玩具若干。

【操作要点】

（1）幼儿在神秘屋内自由玩手电筒，照出各种影子。

（2）自由玩手影游戏。

（3）两名幼儿合作，一名幼儿拿玩具，一名幼儿拿手电筒照，看看玩具的影子。玩具不动，改变手电筒的位置，看看影子有什么变化。

（4）手电筒不动，改变小玩具的位置，或让玩具逐渐远离光源，观察玩具影子的变化。

（5）观察比较套娃的大小，用手电筒照套娃，看看他们的影子有什么不同。尝试操作手电筒，看能否让不同大小的套娃的影子一样大。

【观察要点】

重点观察幼儿在操作中是否对光和影子的变化感兴趣，能否从探索中发现影子的变化与光源的关系。

【指导建议】

（1）引导幼儿观察玩具影子的大小时，可以固定手电筒或玩具的任一方，反复探索，就能感知到其中的奥妙。

（2）反复探索之后，也可以逆向进行猜测活动，即让幼儿先观察物体的影子，猜猜照出这个影子的物体和光的远近，并进行操作验证。

（3）尝试摆弄手电筒，让大小不一的套娃的影子一样大的实验操作有难度，开始时可以仅选取两个，以后再逐步增加套娃的个数。

（山东省潍坊市新华幼儿园　张桂云；指导园长　纪敬东）

25. 倒立不倒的小丑

【活动目标】

探索使用不同的材料让小丑倒立不倒，感知物体的重心与其稳定性的关系。

【活动准备】

用硬卡纸剪一个倒立的小丑图片,彩笔、磁铁、硬币、曲别针、塑料小纽扣、雪花片、衣服夹等(见图72)。

图 72

【操作要点】

(1)把倒立的小丑卡片放在手心上,看看是否能不倒下来(结果是很难立住)。

(2)幼儿自主选取材料,粘贴或夹在小丑的两只手上,看看哪种材料可以使小丑保持倒立不倒(一般重一点的材料可以做到,如小磁铁、硬币、夹子等)。

(3)请幼儿尝试曲别针一类较轻的材料,看看能不能通过增加曲别针的数量让小丑倒立不倒。

(4)请幼儿尝试同时用几种不同的材料使小丑倒立的方法,比如一边是一枚硬币,一边是几枚小纽扣或者小纽扣加曲别针;一边是几枚小纽扣,一边是曲别针加小纽扣(见图73)。

图 73

【观察要点】

观察幼儿能否主动尝试各种材料,是否具有层层探究的兴趣,是否具有解决问题的多种思路。

【指导建议】

(1) 鼓励幼儿尽可能尝试各种材料,如果不成功,可以调整数量或位置后继续探索。

(2) 可以设计一个记录表放在科学区,让每个幼儿把自己的操作结果记下来,以利于引导幼儿发现"增加材料的数量使其达到一定的重量且两边重量相同,就可以使小丑倒立不倒"的秘密。

(3) 也可以鼓励幼儿尝试在小丑身体的其他部位夹东西,看是否可以让小丑倒立不倒。

(山东省淄博市儿童活动中心幼儿园 李伟娜)

26. 不落的小球

【活动目标】

探索小球在倒立的瓶中不落的方法,初步感知离心力的作用；发现小球的旋转速度与用力大小及球在瓶内保持时间长短的关系。

【活动准备】

各种玻璃瓶（大口、直筒和收口的）、剪掉上半部分的矿泉水瓶、一次性透明塑料杯、乒乓球。

【操作要点】

(1) 把乒乓球放在桌上，让玻璃瓶瓶口朝下，罩在乒乓球上。在桌面上快速旋转玻璃瓶，观察乒乓球在瓶内的运动。

(2) 反复操作，探索使小球保持在瓶壁不落的方法，发现旋转速度与用力大小会影响到球在瓶内保持时间的长短。

(3) 在让乒乓球快速旋转后，尝试将玻璃杯从桌面上移开，会发现球会继续在瓶内旋转一会儿却掉不下来。

(4) 换个瓶子再试试，比较哪种瓶子更容易让小球不落。

【观察要点】

(1) 观察幼儿探究的过程，尤其是旋转瓶子的方法，以便于及时指导幼儿按正确的方法旋转，获得成功的体验。

(2) 关注幼儿操作的兴趣和探索点，帮助幼儿感知离心力的变化和作用。

【指导建议】

(1) 鼓励幼儿大胆尝试，怎样使小球保持在倒立的瓶子里不落下。

(2) 提醒幼儿将瓶子顺着一个方向快速用力旋转，即围绕一个中心快速画圆。指导幼儿关注旋转瓶子的速度与小球保持在瓶壁的时间的关系，知道用力越大，小球旋转速度越快，小球就会越长时间不掉落。

(3) 可以请几个幼儿比赛，同时旋转杯子，看看谁的小球能保持更长时间不掉落。

(4) 也可将矿泉水瓶剪开装上水,拴绳绕圈转,引导幼儿发现水不会洒出来,体验离心力的作用。

(山东省济南市七里山幼儿园　李芳)

27. 弹性的秘密

【活动目标】

能用铁丝自制弹簧,知道铁丝的形状改变后能产生弹力;会制作弹簧小玩具,发现铁丝粗细、弹簧紧密与弹力大小的关系。

【活动准备】

粗细不同的铁丝和笔,橡皮泥,吸管,记录表。

【操作要点】

(1) 拿同样粗细的铁丝在一根笔上缠绕,将笔撤下,铁丝就会变成弹簧。按压弹簧,感觉弹力的大小,记录实验结果。

(2) 拿粗细不同的铁丝分别在同一根笔上缠绕,缠的疏密相同。将笔撤下,按压弹簧,感觉弹力的大小,记录实验结果。

(3) 拿相同粗细的铁丝分别在粗细不同的笔上缠绕,缠的疏密相同。将笔撤下,按压弹簧,感觉弹力的大小,记录实验结果。

(4) 交流实验记录结果,发现弹簧弹力的大小与铁丝粗细有关,与弹簧的疏密有关,与弹簧的大小有关。

(5) 用橡皮泥捏出小动物头,安在自制的弹簧上,做成弹簧小玩具,体验弹簧玩具的趣味。

附：记录表

"弹性的秘密"记录表

	粗笔	细笔	密	疏	细铁丝	粗铁丝
第一次实验	✓	✓			小	大
第二次实验	✓		大	小	✓	
第三次实验	小	大	✓		✓	

说明：图中画"✓"的表示实验条件相同，"大"、"小"指的是弹力大小。（记录表仅供参考，教师可以设计其他形式的记录表）

【观察要点】

观察幼儿自制弹簧的方法、操作的步骤是否清晰，能否主动进行比较。

【指导建议】

（1）提供的铁丝不要太粗，以免幼儿的力度达不到。提供的笔最好粗细明显不同，以便于幼儿比较。

（2）请幼儿逐项实验，在记录表上标注清楚并注意比较。

（3）提示幼儿按压弹簧时不要太用力，避免伤到自己或他人。

（山东省济南市七里山幼儿园　李芳）

万千教育 学前教育类书目

书号	书名	著、译者	定价(元)
幼儿园区域活动指导			
1935	幼儿园户外环境创设与活动指导（全彩）	董旭花 等 著	72.00
2103	幼儿园社会区材料设计与评价（四色）	王微丽 霍力岩 主编	60.00
1950	幼儿园科学区材料设计与评价（全彩）	王微丽 霍力岩 主编	60.00
1951	幼儿园生活区材料设计与评价（全彩）	王微丽 霍力岩 主编	60.00
1782	幼儿园数学区材料设计与评价（全彩）	王微丽 霍力岩 主编	60.00
1800	幼儿园语言区材料设计与评价（全彩）	王微丽 霍力岩 主编	60.00
2598	幼儿园艺术区材料设计与评价（全彩）	王微丽 霍力岩 主编	60.00
9613	幼儿园区域活动——环境创设与活动设计方法（全彩）	王微丽 主编	60.00
9149	小区域，大学问——幼儿园区域环境创设与活动指导	董旭花 等 著	30.00
9548	幼儿园创造性游戏区域活动指导（角色区·建构区·表演区）	董旭花 等 编著	32.00
9549	幼儿园自主性学习区域活动指导（生活操作区·美工区·益智区·科学区）	董旭花 等 编著	35.00
0156	幼儿园区域活动现场指导艺术——透视38个区域故事	董旭花 等 著	38.00
9134	如何有效实施幼儿园主题性区域活动	秦元东 等 著	24.00

7937	幼儿园科学区（室）——科学探索活动指导117例	董旭花　主编	28.00
幼儿园区域活动指导合计			679.00
幼儿园一日活动设计指导系列			
9952	幼儿园一日生活过渡环节的组织策略	吴文艳　主编	28.00
8469	幼儿园一日生活环节的组织策略	宋文霞　等　主编	36.00
9531	幼儿园一日活动教育细节69例	王明珠　主编	28.00
0158	幼儿园大型活动组织与策划手册	李春玲　著	35.00
幼儿园一日活动设计指导系列合计			127.00
幼儿园园所管理			
2102	破解幼儿园园长的50个管理难题	苏晓芬　等　著	48.00
1784	幼儿园危机管理策略与实例	周丛笑　等　编著	52.00
1596	幼儿园安全管理策略	张春炬　李芳　主编	42.00
0039	园本培训促进幼儿教师专业发展	晏　红　著	32.00
9883	幼儿园教研活动设计与实施	莫源秋　著	32.00
9620	幼儿园保育员工作指南	伍香平　等　主编	20.00
9438	幼儿园园长的领导艺术	任　民　李迎春　著	32.00
9006	幼儿园园长临场应变技巧50例	卢　俊　著	20.00
9012	幼儿园园长易犯的80个错误	伍香平　主编	25.00
幼儿园园所管理合计			303.00

	幼儿行为观察与应对指导		
2308	0—8岁儿童纪律教育 ——给教师和家长的心理学建议（第七版）	蔡　菡　译	72.00
9138	幼儿行为的观察与记录（第五版）	马　燕　等　译	32.00
2045	幼儿问题行为的识别与应对 ——给家长的心理学建议（第二版）	冯夏婷　主编	58.00
7797	幼儿问题行为的识别与应对（教师篇）（第6版）	王玲艳　等　译	38.00
1262	幼儿活动档案记录与解读（第二版）	马　燕　等　译	46.00
幼儿行为观察与应对指导合计			246.00
	幼儿园家长工作指导		
2345	幼儿成长揭秘 ——常见问题分析与家园共育策略	王普华　等　著	48.00
1934	幼儿教师与家长沟通之道（第二版）	晏　红　著	46.00
364	幼儿园家长工作技能与艺术	莫源秋　编著	45.00
806	破解家园沟通的44个难题	胡剑红　主编	35.00
9610	幼儿教师的家长工作技巧	张春炬　主编	34.00
9592	幼儿园家长开放日活动设计与实践指导	卢筱红　主编	25.00
9322	幼儿园家庭教育指导形式与方法	晏　红　著	34.00
幼儿园家长工作指导合计			267.00
	幼儿心理与发展指导		
2205	幼儿行为管理的方法与策略	莫源秋　著	46.00
1779	幼儿情绪管理的方法与策略	莫源秋　著	48.00

编号	书名	作者	定价
9496	透视幼儿心理世界 ——给幼儿教师和家长的心理学建议	冯夏婷 主编	36.00
0783	透视0—3岁婴幼儿心理世界 ——给教师和家长的心理学建议	冯夏婷 主编	38.00
0183	幼儿常见心理行为问题：诊断与教育	莫源秋 著	38.00
6608	幼儿心理健康教育	刘文 编著	25.00
幼儿心理与发展指导合计			231.00
幼儿园教师教学技能与活动指导			
2253	理解儿童心理从绘画开始（全彩）	陈侃 著	38.00
0760	幼儿园备课·说课·听课·评课	俞春晓 等 著	42.00
8598	幼儿园集体教学活动设计方法与实例	俞春晓 著	28.00
9499	幼儿教师必须修炼的10项教学技能	俞春晓 著	25.00
9454	幼儿园教学诊断技巧与对策58例	王春燕 等 著	38.00
1799	幼儿园电影主题活动创意设计（全彩）	王微丽 等 主编	72.00
9612	幼儿园综合主题活动 ——设计技巧与优秀案例	赵旭莹 等 主编	42.00
1235	幼儿园绘本美术活动创意设计（全彩）	郭莉萍 赵福云 主编	68.00
9323	幼儿园美术活动创意设计（全彩）	罗梅 赵福云 主编	56.00
0180	给幼儿教师和家长的81条美术教育建议（全彩）	李力加 著	62.00
9150	幼儿园节日活动精彩设计方案	刘洪霞 主编	35.00

……
欲了解更多图书信息，请登录：www.wqedu.com
联系地址：北京市西城区三里河路6号院2号楼213室 万千教育
咨询电话：010-65181109，65262933
*本目录定价如有错误或变动，以实际出书为准。